R.E.I. Editions

Tutti i nostri ebook possono essere letti sui seguenti dispositivi:
- Computer
- eReader
- iOS
- Android
- Blackberry
- Windows
- Tablet
- Cellulare

Degregori & Partners

I Contratti a Termine

Futures su Indici, Valute e Materie Prime

Quaderni di Finanza 13

ISBN: 978-2-37297-2871

Pubblicazione: maggio 2016
Nuova edizione aggiornata agosto 2022
Copyright © 2016 - 2022 R.E.I. Editions
www.rei-editions.com

Le informazioni sui prodotti finanziari e i commenti ai mercati espressi in questo volume non rappresentano in alcun modo una raccomandazione all'acquisto o alla vendita di titoli. Nessuna informazione contenuta nel presente testo costituisce o deve essere interpretata come un consiglio di investimento, legale o fiscale: una consulenza professionale e specifica è sempre indispensabile prima di prendere qualsiasi decisione di investimento.

I Quaderni di Finanza hanno lo scopo di promuovere la diffusione dell'informazione e della riflessione economico-finanziaria sui temi relativi ai mercati mobiliari nazionali e internazionali e alla loro regolamentazione.

Piano dell'opera

Degregori & Partners

I Contratti a Termine

Futures su Indici, Valute e Materie Prime

Quaderni di Finanza (13)

R.E.I. Editions

Indice

I Contratti a Termine

Un contratto a termine è un accordo tra due soggetti per la consegna di una determinata quantità di un certo sottostante a un prezzo (prezzo di consegna) e a una data (data di scadenza o maturity date), prefissati. Il sottostante può essere di vario tipo:

- attività finanziarie, come azioni, obbligazioni, valute, strumenti finanziari derivati.
- merci, come petrolio, oro, grano.

L'acquirente del contratto a termine, vale a dire colui che s'impegna alla scadenza a corrispondere il prezzo di consegna per ricevere il sottostante, apre una posizione lunga (long position), mentre il venditore, vale a dire colui che s'impegna alla scadenza a consegnare il sottostante per ricevere il prezzo di consegna, apre una posizione corta (short position).

I contratti a termine sono generalmente strutturati in modo che, al momento della loro conclusione, le due prestazioni siano equivalenti. Ciò è ottenuto ponendo il prezzo di consegna, cioè quello stabilito nel contratto, pari al prezzo a termine.

Quest'ultimo è uguale al prezzo corrente del sottostante - c.d. prezzo a pronti o, anche, prezzo spot - maggiorato del valore finanziario del tempo intercorrente tra la data di stipula e la data di scadenza. Se si verifica questa condizione, cioè se le prestazioni sono equivalenti, al momento della conclusione del contratto non si deve fare luogo, fra le parti, allo scambio di alcuna prestazione compensativa. Va da sé che, se inizialmente il prezzo a termine coincide con il prezzo di consegna, successivamente, durante la vita del contratto, si modificherà in ragione, essenzialmente, dei movimenti del prezzo corrente che il sottostante via via assume. Le variazioni del valore del sottostante determinano il profilo di rischio/rendimento di un contratto a termine, che può essere così riassunto:

- Per l'acquirente del contratto, cioè colui che deve comprare un certo bene a una certa data e a un prezzo già fissato nel contratto, il rischio è rappresentato dal deprezzamento del bene. In questo caso, infatti, egli sarebbe comunque costretto a pagare il prezzo già fissato nel contratto per un bene il cui valore di mercato è minore del prezzo da pagare: se l'acquirente non fosse vincolato dal contratto, potrebbe più vantaggiosamente acquistare il bene sul mercato a un prezzo minore. Per la ragione opposta, in caso di apprezzamento del sottostante, egli maturerà un guadagno, in quanto acquisterà a un certo prezzo ciò che vale di più.

- Per il venditore del contratto, cioè colui che deve vendere un certo bene a una certa data e a un prezzo già fissato nel contratto, il rischio è rappresentato dall'apprezzamento del bene. L'impegno contrattuale, infatti, lo costringe a vendere il bene a un prezzo inferiore a quello che realizzerebbe sul mercato. Conseguirà invece un guadagno in caso di deprezzamento del sottostante, in quanto, grazie al contratto stipulato, venderà il bene a un prezzo superiore a quello di mercato.

La decisione di stipulare un contratto a termine può essere ricondotta alle seguenti finalità:

- Finalità di copertura (hedging): poniamo il caso di detenere una certa attività, ad esempio titoli di stato decennali, che già sappiamo dovremo vendere ad una data futura, ad esempio per pagare la rata di un mutuo che scade il 30 settembre ed il cui importo è uguale al valore attuale dei titoli. In questa situazione siamo esposti al rischio del deprezzamento che i titoli di stato potrebbero subire, con la conseguenza che, al 30 settembre, l'ammontare della loro vendita non sarebbe sufficiente a pagare la rata del mutuo. La conclusione di un contratto a termine ci copre da questo rischio. Nello specifico, venderemo a termine i titoli di stato con scadenza al 30 settembre e prezzo di consegna uguale al loro prezzo attuale. Così facendo, anche se al 30 settembre i nostri titoli si fossero fortemente deprezzati, potremo in virtù del contratto venderli al prezzo già fissato, pagando tranquillamente la rata del mutuo.

- Finalità speculativa: se siamo convinti che una certa attività, ad esempio le azioni Alfa, avrà un certo andamento futuro, ad esempio un notevole incremento di valore, con la stipula di un contratto a termine potremo assumere un'esposizione sulle azioni Alfa coerente con le nostre aspettative. Basterà acquistare un contratto a termine con prezzo di consegna pari al prezzo a termine e, se come pensiamo, il titolo incrementerà il proprio valore, alla scadenza del contratto acquisteremo le azioni Alfa a un prezzo nettamente inferiore a quello di mercato. Se le nostre aspettative fossero invece ribassiste, dovremo vendere il contratto a termine.

- Finalità di arbitraggio: poniamo il caso di essere esperti professionisti, capaci di rilevare che sul mercato vi è la possibilità di stipulare contratti a termine aventi a oggetto una certa attività, ad esempio le obbligazioni Beta, in cui il prezzo di consegna (cioè il prezzo fissato nel contratto) è superiore al prezzo a termine (cioè il prezzo corrente di mercato aumentato del valore finanziario del tempo da qui alla scadenza del contratto a termine) delle obbligazioni. Se siamo così bravi da individuare questa differenza, attraverso il contratto a termine possiamo porre in essere un'operatività che ci consente di conseguire un profitto privo di rischio. Infatti, acquisteremo subito le obbligazioni Beta al prezzo corrente di mercato e, contestualmente, venderemo il contratto a termine. A scadenza, il costo da noi sopportato per le nostre obbligazioni Beta sarà pari al prezzo all'epoca pagato più il valore finanziario del tempo, in sostanza il prezzo a termine, ma attraverso il contratto potremo ricevere una somma maggiore, rappresentata dal prezzo di consegna, generando così un profitto privo di rischio dato dalla differenza tra prezzo di consegna e quello a termine. Viceversa, se abbiamo in portafoglio le obbligazioni Beta e rileviamo che il prezzo di consegna è inferiore al prezzo a termine, ci converrà vendere

15

subito le obbligazioni Beta al prezzo corrente e contestualmente acquistare il contratto a termine: alla scadenza, riavremo le stesse obbligazioni dietro pagamento di una somma inferiore a quella ottenuta dalla loro vendita.

L'esecuzione del contratto alla scadenza può realizzarsi:

1. Con l'effettiva consegna del bene sottostante da parte del venditore all'acquirente, dietro pagamento del prezzo di consegna: in questo caso si parla di consegna fisica o physical delivery.
2. Con il pagamento del differenziale in denaro tra il prezzo corrente del sottostante, al momento della scadenza, e il prezzo di consegna indicato nel contratto.

Tale differenza, se positiva, sarà dovuta dal venditore all'acquirente del contratto, e viceversa se negativa: in questo caso si parla di consegna per differenziale o cash settlement.

Contratti Forward

Un forward è un contratto (o accordo) sottoscritto tra due controparti, A e B, per acquistare (o vendere) un certo bene a un prezzo stabilito F a una data specificata T nel futuro.

Tecnicamente:

- Il prezzo F stabilito oggi si dice prezzo di consegna.
- La data specificata T si dice data di consegna o maturità.
- Un certo bene può essere petrolio, oro, beni agricoli (frumento, soia, zucchero), azioni, valute.
- Con il forward si ha l'obbligo di acquisto (o vendita) del bene sottostante.
- Il prezzo del bene sottostante si chiama prezzo spot.

I contratti forward si caratterizzano per il fatto di essere stipulati fuori dai mercati regolamentati. In gergo tecnico si dice che sono scambiati OTC (over-the-counter). Il forward consiste generalmente di due operazioni: uno *Spot* e un *Outright*. Lo *spot* è lo scambio di due valute con consegna di due giorni lavorativi dopo il *deal*, l'*outright* è la stessa operazione, ma di segno inverso, dopo almeno tre giorni lavorativi. In pratica la controparte che acquista "euro" a pronti e vende "USD" (*spot*) si impegna con questo contratto a effettuare l'operazione inversa a termine (*outright*) e cioè a vendere euro e acquistare USD. In gergo, si dice che chi acquista assume una posizione lunga (long - al rialzo) e chi vende assume una posizione corta (short - al ribasso). L'utilità dei contratti forward sta nel fatto che bloccano il prezzo del prodotto sottostante fino alla data di consegna, rendendo quindi immune il compratore da eventuali aumenti. Il rischio potrebbe essere che da oggi alla data di consegna il prezzo del bene scenda, e sia più basso rispetto a quello che ormai ho fissato e che sono obbligato a pagare. In ogni caso ci guadagna una delle controparti (l'acquirente o il venditore) a seconda che il prezzo di mercato del bene salga o scenda rispetto al prezzo bloccato dal contratto forward. Se nel corso di validità del contratto il prezzo scende, l'acquirente ci rimette e il venditore ci guadagna. C'è allora la tentazione per l'acquirente di non onorare il contratto alla data di scadenza (e i contratti futures risolvono tale problema). E' importante sottolineare l'impegno che nasce tra le due parti e il fatto che oggi (t = 0) non c'e alcuno scambio di denaro: quindi all'inizio il contratto vale 0. Il valore finale del contratto al tempo T è dato da:

prezzo a pronti del sottostante a scadenza - prezzo forward liberamente stabilito dalle parti

Se questa differenza è positiva, guadagna chi ha assunto una posizione lunga; se la differenza invece è negativa, guadagna chi precedentemente ha assunto una posizione corta.
- Il prezzo di consegna è anche detto forward price.

Per comprendere il funzionamento di questo strumento è utile analizzare i flussi di cassa che ne derivano, ovvero i pagamenti che vengono scambiati fra le due parti durante tutta la vita del contratto. Nel contratto forward, gli unici flussi di cassa si manifestano alla scadenza, quando l'acquirente riceve il bene sottostante in cambio del prezzo concordato nel contratto (physical delivery), ovvero le due parti si scambiano la differenza fra il prezzo di mercato dell'attività alla scadenza e il prezzo di consegna indicato nel contratto che, se positiva, sarà dovuta dal venditore all'acquirente e viceversa se negativa (cash settlement). Non sono previsti, invece, flussi di cassa intermedi durante la vita del contratto, sebbene in questo periodo il prezzo a termine del bene sottostante sia soggetto a modifiche in funzione, essenzialmente, dell'andamento del relativo prezzo corrente di mercato. Di norma, non sono previsti flussi di cassa neanche alla data di stipula, considerato che, come tutti i contratti a termine, sono generalmente strutturati in modo da rendere equivalenti le due prestazioni.

Esempio

Consideriamo un contratto a termine avente come bene sottostante un barile di petrolio:

- Il prezzo di mercato del barile, alla scadenza, è pari, nei due casi che ipotizziamo, a 50 e 40 euro.
- Il prezzo di consegna, fissato nel contratto, è pari a 45 euro.
- La scadenza è fissata a tre mesi dalla data di stipulazione del contratto.
- La data di stipulazione del contratto è il 1° febbraio 2020.

Alla scadenza (30 aprile 2020) l'acquirente del forward pagherà 45 euro alla controparte e, in cambio, riceverà un barile di petrolio (physical delivery) oppure riceverà una somma pari al prezzo di mercato del barile di petrolio (cash settlement).

- Nel primo caso ipotizzato, valore di mercato del barile alla scadenza pari a 50 euro, l'acquirente riceverà un barile pagandolo solo 45 euro con un guadagno, quindi, di 5 euro.
- Se adottato il cash settlement, pagherà 45 euro e riceverà 50 euro (nella pratica riceverà solo la differenza di 5 euro).

Al guadagno dell'acquirente corrisponde la perdita del venditore, che consegnerà a soli 45 euro un bene che potrebbe invece vendere sul mercato a 50 euro. Nel secondo caso, valore di mercato del barile alla scadenza pari a 40 euro, le parti si invertono. L'acquirente dovrà pagare 45 euro ciò che in realtà vale 40, con una perdita di 5 euro, mentre il venditore, per la stessa ragione, guadagnerà 5 euro.

Esempio

Immaginiamo per un istante che a giugno un'azienda che produce pasta debba "budgettare"' l'acquisto a settembre di alcune tonnellate di frumento; è chiaramente ovvio che l'impegno finanziario per l'acquisto del frumento non può essere predeterminato con certezza a priori. Un'impresa agricola del Nord America, invece, vuole negoziare con una banca locale un finanziamento, necessario all'acquisto delle sementi, sulla base dei presunti ricavi derivanti dalla vendita a settembre del frumento raccolto; anche per questa impresa il contenuto economico della vendita di frumento a settembre non può essere predeterminato con certezza a priori.

Una possibile soluzione al problema delle due imprese potrebbe essere quella di mettere in contatto i rispettivi direttori finanziari con lo scopo di fare incontrare le loro esigenze contrapposte, favorendo, quindi, la negoziazione di un prezzo al quale scambiarsi a settembre - a termine - una determinata quantità di frumento.

Ad esempio, i due potrebbero negoziare di scambiarsi a settembre il frumento a 310 $/ton e in tal modo, quindi, riuscirebbero a eliminare l'elemento d'incertezza nelle rispettive esigenze. Supponiamo che l'azienda italiana ABC S.p.A. firmi il 18/03/2013 un contratto per l'acquisto di un bene da una industria americana per un valore complessivo di 1.000.000 di USD con pagamento alla consegna che avverrà dopo 6 mesi, il 18/09/2013.

Il tasso di cambio Euro/USD attuale è pari a 1,34 quello forward a sei mesi è pari a 1,30. L'azienda italiana è esposta al rischio di cambio: fra 6 mesi il valore in Euro dei Dollari potrà essere differente (anche molto) da quello attuale. La ABC S.p.A. può, quindi, non fare nulla e aspettare il giorno di consegna, cambiando al tasso spot del 18/09/2013 gli Euro in 1.000.000 di USD per onorare il contratto, oppure bloccare il valore del dollaro comprando oggi sul mercato dei forward a sei mesi 1.000.000 di USD al prezzo di 1.000.000/1,30 = 769.230 Euro (senza spendere nulla). Fra 6 mesi la ABC dovrà quindi pagare 769.230 Euro.

Se il tasso spot del cambio Euro/USD il 18/09/2013 sarà 1,40, la cifra da pagare sarebbe di 1.000.000/1,40 = 714.285 Euro, quindi, meno di 769.230 Euro. Se, invece, il tasso spot sarà di Euro/USD = 1,25 alla ABC il contratto costerebbe 1.000.000/1,25 = 800.000 Euro.

Il contratto forward ha valore iniziale nullo:

$$X0 = 0$$

in quanto non c'è alcuno scambio di denaro.
Inoltre, alla scadenza T:

$$Xt = St - F$$

dove:
- F = prezzo forward al tempo iniziale t = 0
- Xt = valore posizione long al tempo t
- St = prezzo del sottostante al tempo t

Forward Rate Agreement

Il Forward Rate Agreement (F.R.A.) è un contratto su tassi di interesse in base al quale due controparti si impegnano a scambiare a una data futura prestabilita un certo ammontare di liquidità calcolato sulla base di:

• Un tasso di interesse fisso predeterminato al momento della stipula.

• Un tasso di interesse variabile rilevato puntualmente alla data futura prestabilita.

• Un ammontare nominale di riferimento.

Convenzionalmente i F.R.A. su Euribor utilizzano la base di calcolo Actual/360. L'ammontare nominale di riferimento, che non è oggetto di trasferimento materiale, è l'importo sul quale verrà calcolato l'ammontare di liquidità da scambiare.

Poiché l'ammontare di liquidità viene liquidato alla data di inizio del periodo di riferimento, il suo valore verrà attualizzato.

Mediante la stipula di uno o più contratti di F.R.A. è possibile sia proteggersi da un eventuale rialzo dei tassi che trasformare i tassi variabili futuri di breve e medio periodo, fino a 24 mesi, da incerti a certi in modo da poter pianificare meglio l'attività aziendale senza incognite di natura finanziaria.

Le caratteristiche di un F.R.A. sono convenzionalmente indicate utilizzando due numeri:

• Il primo indica il periodo intercorrente tra la stipula del contratto e la data di rilevazione del tasso variabile di riferimento (fixing).

• Il secondo indica il periodo intercorrente tra la stipula del contratto e la data di scadenza dell'operazione.

Il secondo meno il primo individua il periodo di riferimento del tasso variabile. Il F.R.A. "1x4" prevede tra 1 mese la rilevazione del fixing di un tasso a 3 mesi, il "3x9" prevede tra 3 mesi la rilevazione del fixing di un tasso a 6 mesi, il "12x18" prevede tra 12 mesi la rilevazione del fixing di un tasso a 6 mesi, e così via.

Esempio

Un tesoriere ha in essere un finanziamento in Euro a tasso variabile per un importo nominale di 10 milioni, con rivedibilità trimestrale del tasso, precisamente in data 13/6/2015, 13/9/2015 e 13/12/2015. Il tesoriere teme un rialzo nei tassi e un conseguente aumento dei suoi oneri finanziari.

Per proteggersi dal rischio di tasso, il 14/2/2015 stipula un F.R.A. 4x7, dove paga il tasso fisso.

Il tasso corrente del F.R.A. 4x7 è 3,75%, il tasso variabile (Euribor 3 mesi) verrà rilevato il 13/6/2015.

In data 13/6/2015 il tasso è 4,25%.

Si calcola l'importo di regolamento utilizzando la seguente formula:

$$\text{Differenziale} = [(\text{T1} - \text{T0}) \times \text{Nominale} \times gg]/360$$

e lo si attualizza moltiplicandolo per:

$$1/[1+(\text{T1} \times gg/360)]$$

Pertanto, l'importo da regolare, a favore del tesoriere, sarà pari al Differenziale Attualizzato:

$$[(4,25\% - 3,75\%) \times 10.000.000 \times 92/360] / [1+(4,25\% \times 92/360)] = 12.640 \text{ €}$$

Nel momento del regolamento del differenziale l'impegno tra le controparti si conclude. In conclusione, il F.R.A. è un contratto che mira a sottrarsi a un rischio particolare: il rischio che i tassi d'interesse aumentino. Supponiamo ora che un'azienda (il F.R.A. si fa solo per importi elevati e non si adatta a un uso 'privato') debba rifinanziare un debito che scade fra tre mesi (l'orizzonte dei F.R.A. è al massimo di 12 mesi) e tema che fra tre mesi il costo del denaro salga. Allora, con un F.R.A. l'azienda può fissare fin da adesso il

23

tasso sul finanziamento che chiederà fra tre mesi. Questo contratto prevede di fissare il tasso richiesto, che di solito è quello che il mercato già esprime, come tasso implicito nei prezzi dei futures. Dopodiché, chi vende il F.R.A. (di solito una banca) pagherà all'azienda acquirente una certa somma di danaro se il tasso vigente fra tre mesi sarà più alto di quello fissato (e così permetterà all'azienda di non spendere per quel finanziamento più di quel che avrebbe speso se il tasso vigente fosse stato eguale a quello fissato); se invece il tasso fra tre mesi si sarà rivelato inferiore a quello fissato, l'azienda avrà fatto un cattivo affare, e dovrà essere lei a pagare alla banca una somma di denaro. Ma almeno avrà avuto il vantaggio di sapere fin dall'inizio quanto le sarebbe costato quel finanziamento.

• Un tasso variabile, insomma, è stato trasformato in un tasso fisso.

Contratti Futures

I future sono contratti a termine standardizzati per poter essere negoziati facilmente in Borsa. Il contratto future è un contratto uniforme a termine su strumenti finanziari, con il quale le parti si obbligano a scambiarsi alla scadenza un certo quantitativo di determinate attività finanziarie, a un prezzo stabilito; ovvero, nel caso di future su indici, a liquidarsi una somma di denaro pari alla differenza fra il valore dell'indice di riferimento alla stipula del contratto e il valore dello stesso indice nel giorno di scadenza. Anche i future sono quindi contratti a termine.

Si differenziano dai forward per essere standardizzati e quindi negoziati sui mercati regolamentati. La standardizzazione consiste nella definizione del taglio unitario, della scadenza contrattuale e della modalità di negoziazione attraverso la Clearing House (Cassa di compensazione). La peculiarità di essere standardizzati rende questi contratti *interscambiabili* tra loro. Ciò rende possibile annullare impegni di acquisto o di vendita tramite compensazione, stipulando un contratto di segno opposto all'originale. In questo modo, verrà evitata la consegna dell'attività sottostante il contratto. L'acquisto di future corrisponde a una aspettativa di rialzo dell'attività sottostante; la vendita, invece, sottende un'aspettativa al ribasso. Se le intenzioni fossero speculative, la vendita del future dovrà essere effettuata prima della scadenza contrattuale; se, invece, le intenzioni sono di coprire un futuro acquisto/vendita della commodity sottostante, il future permette una copertura senza rischi di oscillazioni del prezzo, e si aspetterà la scadenza prevista per provvedere all'acquisto/vendita della commodity stessa. Il loro prezzo – che risulta, come tutti i titoli quotati, dalle negoziazioni – è anche detto future price. Il future price corrisponde al prezzo di consegna dei contratti forward ma, essendo quotato, non è propriamente contrattato fra le parti in quanto, come tutti i titoli quotati, è il risultato dell'incontro delle proposte di acquisto immesse da chi vuole acquistare con le proposte di vendita immesse da chi intende vendere.

Viene di norma indicato in "punti indice".

25

Con riguardo alle tipologie di Futures si distinguono:

- Commodity Future: con un commodity future la controparte si impegna ad acquistare oppure a vendere una prefissata quantità di merce a una data prefissata e a un determinato prezzo.
- Financial Future:,strumenti finanziari derivati, la cui caratteristica è quella di fondare il loro valore su altri strumenti finanziari di base sottostanti al contratto derivato stesso.

I Financial Future si dividono a loro volta in:

- Currency Future: si tratta di contratti il cui oggetto contrattuale è una valuta.
- Interest Rate Future: lo strumento finanziario sottostante è rappresentativo di un tasso di interesse. In altri termini si tratta di un contratto che impegna a consegnare o a ricevere uno strumento finanziario che può consistere in Titoli di Stato o altre attività finanziarie. In sostanza, sono contratti che rappresentano l'impegno alla cessione o all'acquisto a termine di titoli a tasso fisso, generalmente Titoli di Stato, con caratteristiche determinate, a un prezzo prefissato.
- Stock Index Future: future relativi agli indici di Borsa.
- Equity o Stock Future: future sulle azioni.

La standardizzazione dei contratti future fa sì che esistano serie di contratti uguali per:

- Oggetto: cioè il bene sottostante al contratto.
- Dimensione: cioè il valore nominale del contratto. Si ottiene moltiplicando il prezzo, di norma indicato in punti indice, per un moltiplicatore convenzionalmente stabilito.
- Date di scadenza: si osserva un calendario prefissato con un numero limitato di scadenze, in genere quattro volte per anno.
- Regole di negoziazione tra cui:
  - ✓ Gli orari di contrattazione.
  - ✓ La variazione minima di prezzo che può essere quotata sul mercato future, c.d. tick.
  - ✓ Le modalità di liquidazione delle transazioni.
  - ✓ I luoghi di consegna.

La standardizzazione dei contratti e la possibilità di negoziarli in mercati regolamentati comportano importanti effetti:

1. Le parti possono "contrattare" solamente il prezzo del contratto (anche se una contrattazione vera e propria fra due parti, essendo il titolo quotato, non c'è).
2. La possibilità di una chiusura anticipata di una posizione in future, senza aspettare la scadenza, attraverso la sua negoziazione.
3. Un notevole guadagno in termini di liquidità degli scambi e, di conseguenza, di riduzione dei costi sopportati dagli operatori.

Il mercato dei Futures ha origine agli albori del 1800.

Nel 1848 venne fondato il Chicago Board Of Trade, primo mercato dove vennero scambiati contratti futures regolamentati.

I primi contratti ebbero come merce di riferimento il grano, mentre bisogna aspettare il 1972 per veder comparire i primi Futures su valute scambiati presso l'International Monetary Market. Poco dopo le contrattazioni vennero ampliate ai tassi d'interesse, mentre il 24 Febbraio del 1983 il Kansas City Board Of Trade diede il via al primo scambio di Futures sugli indici,il Line Composit Index. Il principio di "non arbitraggio" è l'ipotesi base su cui si fonda la derivazione del prezzo di un generico future. Tale principio afferma che, in equilibrio, il profitto generato da un'operazione finanziaria priva di rischio deve essere nullo. In base a questo criterio il prezzo del Future è determinato correttamente, se non è possibile ricavare un profitto da operazioni sul mercato a pronti e su quello a termine.

Nella realtà sono due le operazioni che si possono fare e sono chiamate rispettivamente:

- Cash and carry: si acquista a pronti il titolo prendendo a prestito la somma necessaria e contemporaneamente si vende il relativo contratto Future. Alla scadenza del future si consegna il titolo sottostante e con la somma incassata si restituisce il prestito.
- Reverse cash and carry - si inverte il discorso fatto, vale a dire, si vende il titolo e si acquista il Future.

Se si ipotizza, per esempio, di effettuare un cash and carry su un titolo che non produce reddito a scadenza (un'azione priva di dividendi o uno zero coupon) il prezzo di equilibrio del future sarà dato da:

$$Ft,T = St \times (1 + rt,T)$$

dove:

- Ft,T = quotazione al tempo t del Future con scadenza al tempo T.
- St = prezzo del titolo al tempo t.
- rt,T = tasso di finanziamento sul perioto (t,T)

La parte destra del segno di uguaglianza identifica il costo dell'operazione, mentre quella di sinistra individua il ricavo.

L'equazione che definisce il prezzo di equilibrio del future rappresenta la relazione che lega il prezzo Future e il prezzo a pronti quando il mercato è efficiente, cioè quando non esiste la possibilità di fare arbitraggio.

Ulteriore elemento distintivo rispetto ai forward, connesso alla loro negoziazione in mercati regolamentati, è la presenza di una controparte unica per tutte le transazioni, la clearing house, che per il mercato italiano è la Cassa di compensazione e garanzia.

Suo compito è di assicurare il buon fine delle operazioni e la liquidazione (intesa come calcolo) e corresponsione giornaliera dei profitti e delle perdite conseguiti dalle parti. La clearing house si interpone in tutte le transazioni concluse sul mercato dei futures: quando due soggetti compravendono un contratto, ne danno immediata comunicazione alla clearing house che procede a comprare il future dalla parte che ha venduto e a venderlo alla parte che ha comprato. In tal modo, in caso di inadempimento di una delle due parti, la clearing house si sostituisce nei suoi obblighi, garantendo il buon esito della transazione, salvo poi rivalersi sul soggetto inadempiente. Per poter assolvere su base sistematica e continuativa ai propri compiti e per garantire l'efficienza del sistema, la clearing house adotta una serie di misure:

- Non assume mai, in proprio, posizioni aperte sul mercato: il numero e la tipologia dei contratti acquistati sono esattamente uguali a quelli dei contratti venduti, cosicché non grava sulla cassa il rischio di variazione sfavorevole dei prezzi delle attività sottostanti.

- E' controparte esclusivamente degli intermediari che aderiscono alla clearing house stessa (prevalentemente banche e società di intermediazione mobiliare), dotati di specifici requisiti di patrimonializzazione e di professionalità. Pertanto, se un investitore desidera aprire una posizione in future, e non è membro della clearing house, dovrà rivolgersi a uno degli intermediari aderenti il quale fungerà da broker e applicherà all'investitore gli stessi meccanismi, a tutela del rischio di inadempimento, previsti dalla clearing house per i suoi aderenti.

- Adotta il sistema dei margini, a tutela delle posizioni aperte sul mercato dal rischio di inadempimento, che prevede il versamento da parte delle parti di un margine iniziale e di margini di variazione durante la vita del contratto.

Nel dettaglio funziona così: al momento dell'apertura di una posizione (lunga o corta) in future, entrambe le parti devono versare il cosiddetto margine iniziale (a garanzia del buon fine della transazione e che verrà restituito nel giorno di liquidazione del contratto future) su un apposito conto detenuto presso la clearing house (o aperto per loro conto presso la clearing house dai rispettivi broker). Tale margine è di solito una percentuale del valore nominale di un contratto (moltiplicata per il numero dei contratti stipulati) e, in genere, esso è proporzionale alla volatilità del prezzo del sottostante, nel senso che a maggiore volatilità (e cioè a maggiore probabilità che il sottostante subisca ampie oscillazioni di prezzo) corrisponde un margine più elevato. Oltre al margine iniziale, la clearing house calcola giornalmente un altro margine, il margine di variazione, che corrisponde al guadagno o alla perdita realizzati da ciascuna delle due parti alla fine della giornata lavorativa. Il margine di variazione viene calcolato tramite il meccanismo del marking-to-market: a fine giornata la clearing house rileva il prezzo di chiusura del future e, calcolando la differenza tra questo e il prezzo di chiusura del giorno precedente, determina il profitto e la perdita di ogni parte come se la posizione fosse liquidata in quel momento. La parte che ha subito una variazione di prezzo sfavorevole paga alla clearing house il relativo margine di variazione e questa provvede a girarlo alla parte per la quale la variazione del prezzo è stata positiva. Qualora il saldo del conto di una parte dovesse scendere sotto un livello minimo, cosiddetto margine di mantenimento, tale parte riceverebbe dalla clearing house una margin call, ossia un invito a provvedere a effettuare un versamento adeguato alla reintegrazione del margine. Nel caso di contratti future, vi sono quindi flussi di cassa sia all'atto della stipula del contratto (margine iniziale), sia durante la vita dello stesso (margini di variazione), sia alla scadenza (liquidazione del contratto).

Esempio

Consideriamo un future avente come sottostante il titolo azionario Alfa:

- Il prezzo future al quale è stato compravenduto il contratto è pari a 110 punti.
- Il valore nominale del contratto è pari a 1 euro per ogni punto e, quindi, 110 euro.
- Il contratto impegna all'acquisto/vendita di un'unità di sottostante.
- La scadenza è a tre giorni dalla data di stipulazione del contratto.
- Il margine iniziale è pari al 10% del valore nominale del contratto.

Alla scadenza, chi ha la posizione lunga sul future (cioè l'acquirente) pagherà 110 euro alla controparte e riceverà, in cambio, un titolo Alfa (physical delivery) oppure (nel caso di cash settlement) riceverà una somma pari alla differenza fra prezzo di mercato del titolo Alfa e prezzo future.
E' evidente che, nel caso in cui il prezzo di mercato sia maggiore di 110, il future avrà generato un profitto per l'acquirente (che avrà

30

pagato 110 qualcosa che vale di più) e una perdita per il venditore. Se, invece, il prezzo di mercato fosse minore di 110, sarà il venditore del future a realizzare un profitto, mentre l'acquirente subirà una perdita. Questo è il risultato finanziario complessivo dell'operazione alla scadenza. Abbiamo però visto che i futures prevedono flussi di cassa, attraverso il versamento dei margini, anche durante la vita del contratto.

Per vedere concretamente come funziona il sistema dei margini, ipotizziamo una specifica evoluzione del prezzo future durante la vita del contratto; l'evoluzione scelta si traduce in un profitto di 0,3 euro per la parte che si è impegnata a comprare a termine:

1. Al momento iniziale, entrambe le parti versano un margine iniziale di 11 euro.

2. Al secondo giorno, assumendo che il prezzo future sia diminuito a 109,5, l'acquirente ha maturato una perdita pari a (109,5 - 110) x 1 euro = - 0,5 euro, che dovrà immediatamente corrispondere alla clearing house.

3. Al terzo giorno, assumendo che il prezzo del future sia aumentato a 109,7, l'acquirente ha maturato un guadagno, rispetto al giorno precedente, pari a (109,7 - 109,5) x 1 euro = 0,2 euro, che riceverà dalla clearing house. Questo guadagno, però, non gli consente di colmare la perdita del giorno precedente, in quanto, a livello cumulato, l'acquirente sopporta ancora una perdita di: - 0,5 + 0,2 = - 0,3 euro.

4. Il quarto giorno (scadenza), assumendo che il prezzo del future sia pari a 110,3, l'acquirente ha maturato un guadagno, rispetto al giorno precedente, pari a (110,3 - 109,7) x 1 euro = 0,6 euro. Questo guadagno consente di ripianare la residua perdita derivante dal secondo giorno e, anzi, a livello cumulato, l'acquirente avrà conseguito un guadagno di 0,3 euro. Alla scadenza verrà anche restituito alle parti il margine inizialmente versato di 11 euro.

Esempio

31

Facciamo ora un esempio concreto con un future effettivamente esistito, il future sull'indice FTSE MIB con scadenza marzo 2008, e avente come sottostante non un bene ma un indice azionario:

- Il prezzo future è dato, ad un certo momento, dalla sua quotazione sul mercato; la quotazione avviene in "punti indice" e poniamo che oggi quoti 32.150 punti indice.
- La dimensione del contratto (cioè il suo valore nominale) è data dal prezzo del future per un moltiplicatore che, per il nostro future, è convenzionalmente fissato pari a 5 euro. La dimensione è pertanto 32.150 x 5 euro = 160.750 euro.
- La scadenza è il terzo venerdì del mese di marzo, cioè il 19 marzo 2010.
- Il margine iniziale è pari al 7,75% del valore nominale del contratto.
- Il prezzo del future alla scadenza è pari a 33.000 punti indice.

Nel momento in cui si compravende il contratto, le due parti, acquirente e venditore, devono versare alla Cassa di compensazione e garanzia i margini iniziali, pari a 12.458,13 euro (160.750 x 7,75%) che verranno restituiti alla scadenza.

Durante la vita del contratto, giorno per giorno, la Cassa di compensazione e garanzia calcola la differenza fra il valore del contratto del giorno e quello del giorno precedente e chiede il versamento di questa differenza, chiamata margine di variazione, alla parte che rispetto al giorno precedente ha maturato la perdita. Detto margine verrà accreditato alla parte che ha invece conseguito il profitto. Questo meccanismo di calcolo si susseguе giornalmente fino alla scadenza, in occasione della quale verrà liquidato l'ultimo margine di variazione e restituito il margine iniziale versato dalle parti. È importante notare che il sistema dei margini comporta il calcolo e la corresponsione giornaliera dei profitti e delle perdite maturati dalle controparti, a differenza del forward dove le perdite e i profitti maturati vengono calcolati e corrisposti solo alla scadenza.

Attraverso questo sistema, le parti sono tutelate dal rischio di inadempimento. Infatti, se una parte non corrisponde la perdita giornaliera maturata, e cioè non versa il margine di variazione, la clearing house utilizza il margine iniziale per corrispondere il profitto maturato dalla controparte e invita la parte inadempiente a reintegrare il margine iniziale (margin call).

- Ove ciò non avvenga, la clearing house provvede a chiudere la posizione della parte che non ha versato il margine, evitando così futuri inadempimenti.

Utilizzo dei Futures

L'azienda o il privato che effettua una compravendita in futures può avere due finalità prevalenti:

- La prima è quella di "Copertura", vale a dire l'operazione è eseguita per eliminare un rischio sorto nell'esercizio di un'attività economica ad esempio un'azienda esportatrice che si copre dal rischio di cambio o dal rischio d'interesse).

- La seconda è quella di "Speculazione"; l'operatore si serve di contratti futures per speculare su eventuali differenze fra le sue aspettative concernenti i movimenti futuri dei prezzi e le attese correnti del mercato.

I Futures permettono di gestire in modo efficiente i rischi legati all'andamento di un portafoglio, poiché rappresentano una sorta di "polizza assicurativa". L'acquisto di Titoli di Stato è soggetto a un rischio specifico, connesso all'andamento dei tassi di interesse, la compravendita di valute incorpora il rischio di cambio e quella in azioni implica il pericolo di variazioni di prezzo contrarie all'operazione eseguita. Questi rischi possono essere efficacemente coperti mediante l'utilizzo dei futures; in particolare, essi consentono di coprire il rischio mediante l'apertura di posizioni a termine contrarie a quelle sorte dalle contrattazioni a pronti. Tuttavia sono rare le c.d. "coperture perfette" (perfect hedge), vale a dire operazioni di hedging che eliminano completamente il rischio. I principali motivi di ciò sono:

- La durata della copertura è diversa dalla scadenza naturale del future.

- La merce o lo strumento finanziario che deve essere coperto non coincide con l'attività sottostante del future.

- Non si conosce esattamente la data di acquisto o di vendita della merce o del prodotto finanziario.

L'esistenza di questi problemi genera in un'operazione di copertura, il c.d. "Rischio base", definito nel modo seguente:

$$\text{Rischio Base} = Ps - Pf$$

dove:

- Ps = prezzo a pronti dell'attività da proteggere.
- Pf = prezzo del contratto future da usare.

Dalla formula si deriva che:

- Il rischio base è nullo quando i prezzi del bene sottostante e del future coincidono, circostanza che si verifica solo nel caso in cui l'attività da coprire è la stessa di quella che costituisce il sottostante del future.
- Il rischio base è positivo quando il prezzo spot supera il prezzo future (ciò succede ad esempio per le valute di nazioni ad alto rischio e per alcune merci).
- Il rischio base è negativo quando il prezzo spot è inferiore al prezzo future (caso riscontrabile quando il 'sottostante' è un indice azionario, oro, o valute caratterizzate da bassi tassi d'interesse).

L'oscillazione dei due prezzi fa variare il rischio base. Un suo aumento, che si verifica quando le variazioni positive di Ps sono superiori alle analoghe oscillazioni di Pf, è chiamato "rafforzamento della base", mentre il caso opposto è denominato "indebolimento della base". Sovente l'hedger deve coprire un rischio generato dalla compravendita di un'attività diversa da quella del sottostante. Attraverso l'operazione di copertura il prezzo che l'hedger si garantisce di dover pagare o riscuotere (a seconda che si tratti di short o long hedge) è:

$$St+1 = Ft - Ft+1$$

dove:

- St = prezzo a pronti dell'attività da proteggere al tempo t.
- St+1 = prezzo a pronti dell'attività da coprire all'epoca t+1.
- Ft = quotazione del future al tempo t.
- Ft+1 = prezzo del future al tempo t+1.

35

Se indichiamo con S*t+1 il prezzo al tempo t+1 dell'attività sottostante il future, allora l'equazione St+1 = Ft - Ft+1 può essere scritta nel modo seguente:

$$Ft + (S*t+1 - Ft+1) + (St+1 - S*t+1)$$

dove:

- (S*t+1 - Ft+1) + (St+1 - S*t+1) rappresenta il rischio base.
- (S*t+1 - Ft+1) è la base che si avrebbe se l'attività da coprire fosse ugual a quella sottostante il contratto future.
- (St+1 - S*t+1) è la base che deriva dalla differenza fra l due attività.

A influenzare il rischio base in maniera rilevante è la scelta del contratto future. Si tratta di una decisione che implica dei problemi operativi. Quando si deve coprire un rischio finanziario sorto per esempio dalla compravendita di una merce, si deve individuare il future più idoneo. Purtroppo non esistono future su tutte le merci o attività finanziarie. Pertanto, se non c'è sul mercato un future con un'attività sottostante uguale a quella da coprire, è necessario fare delle analisi statistiche, per esempio l'analisi di correlazione. Questa analisi studia il legame (la correlazione appunto) esistente fra l'andamento dei prezzi di due o più attività, ad esempio fra la quotazione del future e quello della merce da coprire. Si sceglierà quindi quel derivato che avrà la più alta correlazione con il bene sul quale si desidera effettuare l'hedge.

Un altro problema sorge nella scelta del mese di consegna. A influenzare questa decisione intervengono fattori di diversa natura, ad esempio il differente comportamento dei prezzi del future nel tempo. I corsi diventano più erratici nel mese di consegna. In generale si può affermare che il rischio base è legato al tempo in maniera direttamente proporzionale.

Maggiore è la distanza temporale fra la scadenza della copertura e la data di scadenza del future, più grande è il rischio base.

Un metodo utilizzato per ottimizzare ciò consiste nell'acquistare o vendere un future con scadenza il più possibile vicina al mese della scadenza della copertura, ma comunque più lontana nel tempo. Ad esempio, un contatto con scadenza nel mese di settembre potrà essere scelto per coprire transazioni su merci da effettuare nei mesi di luglio, agosto e settembre. In questo caso non sarebbe adeguato il future scadente in giugno. Tuttavia ci sono dei casi in cui questa strategia non può essere applicata perché la liquidità del mercato non lo permette. Infatti, i mercati più liquidi sono quelli con le scadenze più brevi. Per ovviare a questo problema si ricorre sovente alla tecnica chiamata "roll the hedge forward". Con questo metodo l'hedger effettua le sue coperture utilizzando il contratto con scadenza più vicina (che è il più liquido) con l'intento di assumere le stesse posizioni in un altro con scadenza più lontana nel tempo quando dovrà chiuderlo perché arrivato alla data di scadenza.

Esempio

Supponiamo che nel mese di dicembre 1998 una società venda una certa quantità di merce fabbricata nei suoi impianti di produzione. La consegna di questa merce dovrà avvenire nel mese di febbraio del 2000. Supponiamo che nel mercato siano trattati contratti futures che possano essere utilizzati per la copertura del rischio derivante dalla vendita, e che solo i contratti scadenti nel primo semestre del 1999 siano sufficientemente liquidi per soddisfare le necessità della società. L'hedge consiste nell'assumere posizioni "lunghe" in futures (acquisto di futures). Sotto le ipotesi fatte in precedenza l'azienda acquista un certo numero di contratti futures con scadenza giugno 1999. Nel maggio 1999 la stessa società chiude le posizioni 'lunghe' sui futures aventi data di scadenza giugno 1999 e compra lo stesso numero di contratti futures con scadenza dicembre 1999. Nel novembre 1999 si sposta sui contratti per consegna marzo 2000. Poiché il future per le sue caratteristiche è diverso dall'attività sottostante anche nella dinamica di prezzo, la migliore copertura non è garantita semplicemente dalla negoziazione di futures di segno contrario. Per questa ragione diventa importante determinare il numero ottimale di contratti futures necessari all'immunizzazione del rischio e verificarne l'effettiva capacità di copertura.

La letteratura economico-finnziaria è pervenuta a determinare il numero ottimale di contratti futures utilizzando il modello 'media-varianza'. Per calcolare il numero ottimale di contratti futures è necessario determinare il rapporto di copertura ottimale che minimizza la varianza della posizione dell'hedger, il cosiddetto "hedge ratio". In generale, il rapporto di copertura ottimale è definito nel seguente modo:

$$\text{Hedge ratio} = \text{corr(S;F)} \times \text{dev,st(S)} / \text{dev.st(F)}$$

dove:
- corr(S;F) = coefficiente di correlazione fra la variazione del prezzo spot in un intervallo temporale uguale alla durata della copertura e la variazione del prezzo future in un periodo di ampiezza uguale alla vita della copertura.
- S = variazione del prezzo spot in un intervallo temporale uguale alla durata della copertura.
- F = variazione del prezzo future in un periodo di ampiezza uguale alla vita della copertura.
- Dev.st (S) = deviazione standard di S.
- Dev.st (F) = deviazione standard di F.

In termini statici l'hedge ratio è il coefficiente angolare della regressione delle variazioni di prezzo della merce sulle variazioni del rispettivo prezzo future. Sempre in campo statico esiste un altro indicatore che fornisce informazioni utili sulla quantità della copertura, l'R-quadro. Un R-quadro vicino a 1 indica che le variazioni del prezzo della merce sono compensate quasi interamente da analoghe variazioni della posizione in future. Al contrario, un R-quadro vicino zero indica una pessima copertura. Definito l'hedge ratio è possibile calcolare il "numero ottimale di contratti" per la copertura attraverso la seguente formula:

$$\text{Numero ottimale} = \text{hr} \times \text{Np} / \text{Qf}$$

dove:

- hr = rapporto ottimale di copertura (l'hedge ratio).
- Np = quantità di merce o di attività finanziarie da proteggere (ad esempio 100 tonnellate di frumento).
- Qf = dimensione di un contratto future espressa in termini unitari.

Concludendo, si suole distinguere la 'copertura dinamica', in cui è prevista una continua osservazione dell'hedge e il suo aggiustamento, dalla 'copertura statica' (hedge and forget), dove la copertura non viene aggiustata nel corso del tempo.

Currency Future

Un Currency Future è un contratto future in cui ci si obbliga a scambiare una valuta per un'altra a una data specifica al prezzo (cambio) fissato alla data della contrattazione. Tipicamente, una delle monete è l'Euro o il dollaro USA. Il prezzo del future è quindi espresso in Euro (o USD) per unità dell'altra moneta. Gli investitori usano questi contratti per gestire i rischi legati alla fluttuazione dei cambi (hedging), ma possono anche usarli a fini speculativi. Un'azienda con posizioni valutarie 'a pronti' soggette a rischio può utilizzare contratti future per compensarle attraverso l'assunzione di posizioni contrarie 'a termine'.
Le strategie di copertura si dividono in:
- Short hedging: vendita di future a fronte di acquisti a termine.
- Long hedging: acquisto di contratti future a fronte di vendite immediate con regolamento differito.

Pertanto:
- Un esportatore adotterà la long hedging.
- Un importatore la short hedging.

Lo scopo speculativo è l'altra ragione per cui si utilizza il currency future. Il motivo principale di ciò è la cosiddetta 'leva finanziaria' (leverage), ossia la capacità offerta dai future (e in generale dagli strumenti derivati) di muovere cifre elevate impiegando una quota minima di capitale. Infatti, quando si apre una posizione in future non si è tenuti a versare l'intero controvalore del contratto, ma è sufficiente depositare una frazione minima in garanzia. In questo modo si ha la possibilità di conseguire guadagni proporzionali al valore nominale del future, senza bisogno di avere disponibili risorse monetarie in misura equivalente. Naturalmente, anche le perdite sono proporzionali al valore del contratto derivato.

Commodity Future

Un commodity future è un contratto future in cui ci si obbliga a scambiare una prefissata quantità di merce a una data prefissata e a un determinato prezzo fissato alla data della contrattazione. Il prezzo future non è semplicemente la previsione di un prezzo di mercato, ma include anche le carrying charge, cioè commissioni che coprono i costi di magazzinaggio, l'assicurazione della merce, ecc. I principali mercati dei futures si trovano a Londra (LIFFE, ICE, LME) e negli USA.

Tra le borse futures più importanti degli Stati Uniti ci sono: CBOT (Chicago Board of Trade); CME (Chicago Mercantile Exchange); NYMEX (New York Mercantile Exchange); NYBOT (New York Board of Trade); CSCE (Coffee, Sugar, Cocoa Exchange); COMEX (Commodity Exchange); MACE (MidAmerica Commodity Exchange).

• In ognuna di queste borse vengono trattati future su materie prime diverse. Gli speculatori "scommettono" su che prezzo avranno le merci nei prossimi mesi: se un trader ipotizza un incremento del valore di una materia prima, dovrà acquistare un contratto future mentre se crede in un ribasso delle quotazioni, dovrà vendere il contratto future.

Quando si compra un future su una materia prima ci si impegna ad acquistare, a una certa data, una certa commodity mentre se si vende un future ci si impegna a vendere, ad una certa data, una certa commodity. Solamente il 2% delle transazioni si traduce in un effettivo acquisto/vendita di materia prima, in quanto la maggior parte delle volte la posizione si chiude prendendo sul mercato una posizione opposta a quella iniziale. Per operare in una borsa future negli USA bisogna necessariamente utilizzare una FMC (Future Commission Merchant). Le FMC sono società d'intermediazione che effettuano le transazioni in nome di clienti privati o istituzionali. Questi broker servono anche per garantire le operazioni di scambio, in altre parole ci permettono di trascurare la controparte della nostra operazione in quanto sono anche in grado di assolvere gli impegni. Le FMC non devono necessariamente essere membri della Borsa: in questo caso per piazzare gli ordini devono a loro volta utilizzare una FMC-membro. Tra i vari indici in circolazione grande importanza riveste il CRB (Commodity Research Bureau), che rappresenta un paniere composto di 23 materie prime, tra le più scambiate sui mercati.

Questo indice è composto:

- per il 18% dagli Energy (petrolio, gasolio e gas naturale)
- per il 18% dai Grains (mais, semi di soia e frumento)
- per il 12% dagli Industrial (rame e cotone)
- per il 12% dai Livestock (bovini vivi e maiali)
- per il 17% dai metalli preziosi (oro, platino e argento)
- per il 23% dai Softs - coloniali (cacao, caffè, succo d'arancia e zucchero).

Non potevamo concludere l'argomento commodity senza citare la Commodity Futures Trading Commission (CFTC), ossia l'organismo di controllo dei mercati futures americani, al quale settimanalmente i broker americani devono comunicare le posizioni dei propri clienti. In tal modo la CFTC riesce a ordinare il totale dei futures acquistati secondo tre differenti categorie, individuate in base alla natura dell'operatore. Ci sono i commercials ovvero gli istituzionali, i non commercials ossia gli speculatori professionali (fondi e Hedge Fund) e i non reportable position, o day traders (chiamati anche small trader). La CFTC fornisce al mercato notizie sulle variazioni delle posizioni di questi soggetti attraverso il COT (Commitments of Traders), ossia un report settimanale utile per interpretare l'andamento futuro della borsa americana. Il comportamento dei commercials, infatti, incide fortemente sulle quotazioni dei futures a stelle e strisce. Per ogni contratto future che viene negoziato sui mercati a termine deve essere specificata l'attività sottostante che costituisce l'oggetto del contratto stesso.

Per quanto riguarda le commodities, poiché possono esistere notevoli differenze nella qualità delle merci disponibili sul mercato, la Borsa deve precisare quali siano le qualità accettabili per quella commodity.

Per esempio, il New York Cotton Exchange (CTN) ha specificato il contratto future sul succo d'arancia (orange juice) nel seguente modo:

CTN - Future sul succo d'arancia

Categoria U.S.A. Valore *Brix* non inferiore a 57 gradi. Rapporto tra valore *Brix* e acidità non inferiore a 13 e non superiore a 19.
Fattori di colore e di sapore ciascuno con punteggio di 37 o migliore e di 19 per difetti, con punteggio minimo di 94.

Per alcune commodities la regolamentazione del mercato prevede la possibilità di consegnare anche quantitativi con qualità differenti (deliverable grades), tuttavia il prezzo di consegna viene rettificato (attraverso alcuni differenziali) per tenere conto dell'eventuale divergenza dalla qualità standardizzata dal contratto. Per esempio, per il future sul frumento (wheat future) trattato al Chicago Board of Trade (CBoT) i deliverable grades considerati perfettamente sostituibili sono il No. 1 Northern Spring Wheat, il No. 2 Soft Red, No. 2 Hard Red Winter e No. 2 Dark Norhern Spring, ma sono ammissibili altre gradazioni con differenziali stabiliti dalla regolamentazione del mercato. La seguente tabella indica le rettifiche applicate per la soia (soybeans) al CBoT:

CBoT - Grades di soia	Differenziali
No. 2 soia gialla (14% max umidità)	Prezzo del contratto
No. 1 soia gialla (13% max umidità)	3¢/bushel di premio
No. 3 soia gialla (14% max umidità)	8¢/bushel di sconto

A partire dal 2007 si è avuta una dinamica dei prezzi delle principali commodities cerealicole che contrasta con le predizioni teoriche e con l'evidenza empirica della storia del funzionamento dei futures markets (per le commodities agricole i primi esempi di futures negli USA risalgono agli anni '50). Dopo molti anni di continuo deprezzamento delle commodities cerealicole, queste hanno registrato un costante aumento a partire dal 2007. Il fatto strano è che i prezzi futures hanno iniziato a crescere più rapidamente dei prezzi cash, con un aumento della base nel tempo.

Ciò ha reso il mercato dei futures inefficace come strumento di copertura del rischio degli operatori agricoli, causando problemi economici agli stessi e peggiorando le cattive dinamiche del mercato. Nei primi mesi del 2008 i prezzi sono aumentati in modo eccezionale e la base anche si è allargata. I motivi dell'aumento dei prezzi sono da ricondursi a: la riduzione delle scorte, le aspettative di aumento della domanda dovuta allo sviluppo dei grandi paesi in crescita quali la Cina, la riduzione delle terre destinate alle coltivazioni alimentari causata dall'incremento delle coltivazioni di derrate per i biocarburanti; l'aumento dei costi di produzione e trasporto a causa dell'aumento del prezzo del petrolio. Tuttavia queste sole considerazioni non bastano a giustificare l'incredibile aumento dei prezzi, così come non offrono una spiegazione dell'aumento della base.

- Alcuni osservatori hanno ricondotto la maggiore accelerazione dei prezzi futures alla maggiore liquidità affluita sui mercati dei futures in seguito alle crisi di altri prodotti finanziari connessi alla crisi dei mutui subprime americani.
- Tuttavia altri analisti fanno notare che sul piano teorico un aumento della speculazione sul mercato future non dovrebbe avere effetti sulla base e dovrebbe anzi migliorare l'efficacia dell'hedging.
- Altri analisti ancora hanno ricondotto l'aumento della base a una specificazione dei contratti futures e a regolamentazione del Chicago Board of Trade non più idonea ai nuovi caratteri del mercato.

Di fatto i motivi dell'attuale andamento dei futures per le commodities cerealicole continuano a essere un mistero. Sono invece chiari gli effetti sugli operatori: aumento del costo del rischio di prezzo, minore trasparenza, segnali di prezzo poco chiari che rischiano di portare a cattive scelte di investimento, diminuzione dei prezzi agricoli (in quanto i distributori e i grossisti in virtù del proprio potere di monopsonio scaricano su di loro il maggiore costo del rischio); prezzi dei prodotti al dettaglio in aumento (ancora una volta gli operatori a valle della filiera che posseggono potere di mercato scaricano sui consumatori il costo del rischio e aumentano in modo opportunistico il prezzo giustificandolo con gli aumenti di prezzo della materia prima agricola); crisi alimentare e fame per le fasce povere della popolazione mondiale.

Futures su Indici Azionari

Il future su indici azionari (o stock index future) è uno strumento derivato standardizzato, negoziato su mercati regolamentati, tramite il quale acquirente e venditore si impegnano a negoziare in data futura una determinata quantità di indici azionari (underlying), a un prezzo fissato all'atto della stipula del contratto. Questo strumento è un derivato simmetrico in quanto entrambi i contraenti sono obbligati a scadenza a effettuare una prestazione.

Nella maggior parte dei casi i future su indici azionari non giungono a scadenza, poiché gli operatori preferiscono chiudere le posizioni aperte rivendendo (acquistando) il contratto future precedentemente acquistato (venduto). Tuttavia, se il contratto giunge a scadenza, potrà essere liquidato esclusivamente per cash settlement.

- I futures su indice azionario vengono liquidati giornalmente attraverso il meccanismo del marking to market, in base al quale il contraente che ha sperimentato un andamento avverso del mercato deve versare un importo (detto margine di variazione) alla clearing house (che in Italia è la Cassa di Compensazione e Garanzia).

I futures su indice azionario possono essere utilizzati con finalità di speculazione, copertura e arbitraggio.

Esaminiamo adesso nel dettaglio le caratteristiche dei seguenti Futures su Indici Azionari:

- FTSE MIB Future
- Mini FTSE MIB Future
- Futures su azioni Italia
- Dax Future
- Eurostoxx 50 Index Future
- Future EuroStoxx Settoriali
- STOXX Europe 600 Index Future
- Stoxx 50 Index Future
- Nasdaq Future
- Mini Nasdaq Future

- Dow Jones Future
- Nikkei 225 Future
- S&P 500 Future
- Mini S&P 500 Future

FTSE MIB Future

- Simbolo: FIB.
- Sottostante: indice FTSE MIB.
- Quotazione: punti indice.
- Valore del contratto: 5 Euro per ogni punto indice.
- Movimento minimo di prezzo: 5 punti indice (25 Euro).
- Scadenze: sono contemporaneamente quotate le quattro scadenze trimestrali del ciclo marzo, giugno, settembre e dicembre. Una nuova scadenza viene quotata il primo giorno di borsa aperta successivo all'ultimo giorno di negoziazione della precedente scadenza
- Ultimo giorno di negoziazione: terzo venerdì del mese di scadenza, ore 09:10.
- Margine iniziale: deve essere versato quando la posizione è mantenuta aperta a fine giornata.
- Margine di variazione: giornaliero; è calcolato come differenza, nel primo giorno in cui la posizione è aperta, tra il prezzo di carico del future FTSE MIB e il suo prezzo di chiusura o, nei giorni successivi, tra la chiusura e quella precedente. Il regolamento del margine giornaliero é ammesso solo per contanti.
- Prezzo di chiusura giornaliero: prezzo medio ponderato per le quantità dell'ultimo 10% dei contratti future FTSE MIB scambiati nella giornata.
- Regolamento: per contanti, in base al prezzo finale di regolamento.
- Prezzo di regolamento: è pari al valore dell'indice FTSE MIB calcolato sui prezzi di apertura degli strumenti finanziari che lo compongono rilevati il giorno di scadenza. Qualora il prezzo di asta di apertura di uno o più strumenti finanziari componenti l'indice non possa essere determinato o vi sia la ragionevole certezza che su uno o più strumenti finanziari componenti l'indice non vi saranno negoziazioni nella seduta, Borsa

Italiana ne fissa il prezzo ai fini della determinazione del valore dell'indice, sulla base del il prezzo dell'ultimo contratto concluso nella seduta precedente e tenuto conto di eventuali altri elementi oggettivi a disposizione. Borsa Italiana, tenuto conto di eventuali altri elementi oggettivi a disposizione, può stabilire un prezzo diverso.

Mini FTSE MIB Future

- Simbolo: MINI.
- Sottostante: indice FTSE MIB.
- Quotazione: punti indice.
- Valore del contratto: 1 Euro per ogni punto indice.
- Movimento minimo di prezzo: 5 punti indice (5 Euro).
- Scadenze: marzo, giugno, settembre, dicembre (in ogni momento sono trattate solo le due scadenze più prossime).
- Ultimo giorno di negoziazione: terzo venerdì del mese di scadenza, fino alle ore 09:10.
- Margine iniziale: il calcolo dei margini iniziali e di variazione segue gli stessi principi utilizzati per il contratto future FTSE MIB.
- Nel caso di portafogli comprendenti sia posizioni MiniFTSE MIB che posizioni future FTSE MIB, ciascuna posizione future FTSE MIB viene convertita in un numero equivalente di posizioni MiniFTSE MIB nel rapporto di 1 a 5.

Esempio

- ✓ Il margine iniziale è pari al 10%.
- ✓ Acquisto di 1 future FTSE MIB a 47.000 (che equivale, ai fini del calcolo dei margini all'acquisto di 5 MiniFTSE MIB)
- ✓ Vendita di 3 MiniFTSE MIB A 47.010
- ✓ Posizione aperta: + 2 MiniFTSE MIB
- ✓ Prezzo di chiusura future FTSE MIB scadenza corrente: 48.000
- ✓ Margine iniziale = 10% * 48.000 * 2 (= numero di posizioni aperte) = 9.600 €
- ✓ Margine di variazione: (48.000 - 47.000) * 1 * 5 + (47.010 - 48.000) * 3 * 1 = 2.030 € che equivale a (convertendo tutta la posizione in MiniFTSE MIB) (47.010 - 47.000) * 3 * 1 + (48.000 - 47.000) * 2 * 1 = 2030 €

✓ Prezzo di chiusura giornaliero: prezzo medio ponderato per le quantità dell'ultimo 10% dei contratti future FTSE MIB scambiati nella giornata.

✓ Regolamento: per contanti, in base al prezzo finale di regolamento.

✓ Prezzo di regolamento: il prezzo di regolamento è pari al valore dell'indice FTSE MIB calcolato sui prezzi di apertura degli strumenti finanziari che lo compongono rilevati il giorno di scadenza. Qualora il prezzo di asta di apertura di uno o più strumenti finanziari componenti l'indice non possa essere determinato o vi sia la ragionevole certezza che su uno o più strumenti finanziari componenti l'indice non vi saranno negoziazioni nella seduta, Borsa Italiana ne fissa il prezzo ai fini della determinazione del valore dell'indice, sulla base del il prezzo dell'ultimo contratto concluso nella seduta precedente e tenuto conto di eventuali altri elementi oggettivi a disposizione. Borsa Italiana, tenuto conto di eventuali altri elementi oggettivi a disposizione, può stabilire un prezzo diverso.

Il MiniFTSE MIB ha caratteristiche analoghe al contratto future FTSE MIB; l'elemento principale di differenziazione sta nel fatto che il valore del contratto è pari a un quinto del valore del future FTSE MIB. La valorizzazione di ogni punto indice è, quindi, pari a 1 Euro anziché 5 Euro. Quindi, se il miniFIB quota 50.000 punti indice, il contratto vale 50.000 x 1 euro = 50.000 euro, mentre se l'indice FTSE FIB quota 50.000 punti indice, il contratto vale 50.000 x 5 euro = 250.000 euro.

Il miniFIB è un contratto future sull'indice azionario FTSE MIB, cioè un contratto standardizzato di acquisto o di vendita dell'indice, a una data futura, per un prezzo prefissato.

Chi acquista un contratto future miniFIB apre una posizione lunga sul mercato, di acquisto a termine dell'indice azionario FTSE MIB (guadagna quando l'indice FTSE MIB sale). 44

Viceversa, chi vende un contratto miniFIB assume una posizione corta sul mercato, di vendita a termine dell'indice (guadagna quando l'indice FTSE MIB scende).

Alla scadenza del contratto verrà regolata la sola differenza monetaria (cash settlement) tra il valore del contratto al momento dell'acquisto/vendita e il valore alla scadenza del contratto. Alla fine di ciascuna giornata di contrattazione, qualora l'investitore abbia una posizione aperta in miniFIB, si determina, sulla base del prezzo di chiusura, il valore mark to market della posizione in essere, cioè il credito/debito generato dalla posizione rispetto al giorno precedente. Se il miniFIB si muove al rialzo da 30.000 a 30.005, sulle posizioni lunghe in miniFIB verranno accreditati 5 euro per contratto, mentre sulle posizioni corte verranno addebitati 5 euro per contratto. Nel caso in cui si manifestino ampie e repentine variazioni di prezzo la Cassa può richiedere i Margini Aggiuntivi Infragiornalieri per ristabilire il rapporto tra il livello di margine iniziale prefissato e il valore del contratto.

Esempio

Consideriamo un investitore che possiede aspettative rialziste sull'indice per i prossimi tre mesi. Tale view può essere tradotta in decisione di investimento mediante l'acquisto di un contratto miniFIB. Supponiamo che il prezzo di mercato del contratto miniFIB sulla scadenza più vicina a tre mesi sia pari a 28.000 punti indice. Il margine iniziale richiesto per l'apertura della posizione è pari a 2.870 euro (10,25% del valore di mercato del contratto). Supponiamo che l'investitore chiuda la posizione dopo due mesi, vendendo un contratto miniFIB con pari scadenza, che quota in quel momento 30.000 punti.

All'investitore verranno accreditati 2.000 euro (30.000 punti indice finali meno i 28.000 punti indice moltiplicati per il valore di un punto indice, pari a 1 euro). Il rendimento ottenuto dall'investimento nel periodo considerato è stato pari a 2.000 euro, da cui 2.000/2.870 = 69% circa, quando il mercato, rappresentato dalla quotazione del contratto futures miniFIB, è cresciuto poco più del 7%. L'effetto leva generato dal contratto futures può avere effetti negativi se le aspettative dell'investitore non si realizzano: in tal caso l'investitore può incorrere in una perdita superiore al capitale investito.

Il meccanismo del marking to market consente di monitorare le eventuali perdite sulla propria posizione.

Esempio

Un investitore possiede un portafoglio di titoli quotati sul mercato italiano, avente un valore pari a 200.000 euro.

Il valore del portafoglio è correlato all'andamento dell'indice FTSE MIB, espressione della performance del mercato azionario italiano. Tuttavia la correlazione non è completa.

Al variare dell'1% dell'indice FTSE MIB, il valore del portafoglio azionario varia solo dello 0.75%.

Supponiamo che l'investitore tema un ribasso del mercato nei prossimi tre mesi, ma mantenga aspettative positive sul medio/lungo periodo. Vorrebbe, quindi, attenuare gli effetti del ribasso di breve periodo del mercato sul suo portafoglio azionario, senza dover vendere le azioni (evitando, quindi, di incorrere in effetti fiscali, perdita di eventuali dividendi, costi di transazione, commissioni). Se il valore di mercato del contratto miniFIB con scadenza tre mesi è pari a 50.000 punti indice, sarà possibile coprire la posizione in azioni mediante la vendita di 3 contratti miniFIB, il cui valore complessivo è pari a 150.000 euro. Se l'indice FTSE MIB ha un ribasso dell'1%, il portafoglio perderà lo 0.75%, ovvero 1.500 euro (200.000 per 0.75%), e tale perdita sarà perfettamente compensata dal guadagno ottenuto sulla posizione corta in miniFIB.

Infatti, il valore del contratto miniFIB varia linearmente con il variare dell'indice FTSE MIB, nel caso specifico, al ribasso dell'1% (500 punti indice). La differenza incassata dall'investitore sulla posizione corta in miniFIB è pari alla differenza tra il prezzo al momento della vendita dei tre contratti miniFIB e il loro valore oggi, cioè 1.500 euro.

Esempio

In data odierna, il prezzo di mercato del contratto miniFIB con scadenza sei mesi è pari a 47.000 punti. Un operatore osserva sul mercato i seguenti dati: prezzo indice FTSE MIB = 45.570 punti; tasso di interesse annuo per impieghi a sei mesi: 3.5% e dividendi nulli. Il valore teorico del contratto miniFIB risulta essere pari a circa 46.374 punti. La discrepanza rispetto al prezzo di mercato risulta essere significativa, pari a circa 626 punti, ovvero 626 euro. L'operatore può impostare la seguente strategia di arbitraggio tra i due mercati: acquistare un portafoglio di titoli che replichi l'indice FTSE MIB e, simultaneamente, assumere una posizione corta (di vendita) sul contratto miniFIB. Alla scadenza del contratto futures, il portafoglio azionario viene liquidato a un determinato prezzo e, contestualmente, viene regolata la posizione corta sul futures, allo stesso prezzo. L'operatore avrà così incassato 626 euro, senza incorrere in alcun rischio di mercato.

Effetto leva

L'esposizione al mercato risulta essere 10 volte superiore al capitale investito: con un esborso limitato si assume una posizione sul FTSE MIB di valore 10 volte superiore al capitale investito. Infatti, un contratto miniFIB equivale ad avere una posizione sul mercato del valore di circa 28.000 euro e il capitale necessario per acquistare o vendere un contratto è appunto di 2.870 euro. I due contratti Mini FIB e FTSE FIB hanno caratteristiche omogenee e offrono le stesse opportunità di investimento e di trading. Tuttavia, la dimensione del contratto miniFIB è molto più piccola, pari a un quinto della dimensione del FTSE FIB.

- Il contratto miniFIB ha un valore pari alla quotazione del miniFIB moltiplicato per 1 euro (circa 28.000 euro).
- Il contratto FTSE FIB ha un valore pari alla quotazione del FTSE MIB moltiplicato per 5 euro (circa 140.000 euro).

- L'investimento richiesto per acquistare/vendere il miniFIB, pari al 10,25% circa di tale valore, è inferiore a 2.870 euro.
- Per investire nel FTSE FIB occorrono quasi 15.000 euro (2.870 x 5 = 14.350 euro).

Futures su azioni Italia

- Valore del contratto: è rappresentato dal prodotto tra il suo prezzo e il numero di azioni sottostanti il singolo contratto. I contratti vengono quotati in Euro, fino a 4 decimali.
- Quotazione: lo scostamento minimo di prezzo è pari a 0.0001.
- Orario di negoziazione: 9.00 – 17.
- Scadenza: qualora il sottostante sia rappresentato da azioni italiane componenti l'indice FTSE MIB, o primari indici finanziari equivalenti in ciascuna seduta di contrattazione sono contemporaneamente quotate le quattro scadenze trimestrali più vicine e le due scadenze mensili più vicine, per un totale di sei scadenze. Dal primo giorno di borsa aperta successivo a quello di scadenza è quotata la nuova scadenza. Qualora il sottostante sia rappresentato da azioni italiane diverse da quelle componenti l'indice FTSE MIB al momento dell'ammissione a negoziazione del contratto sono quotate la scadenza trimestrale più vicina e le due scadenze mensili più vicine, per un totale di tre scadenze.
- Giorno di scadenza: le contrattazioni sulla scadenza più vicina dei contratti futures su azioni ammesse alle negoziazioni sull'MTA terminano alle ore 9.05 del terzo venerdì del mese di scadenza.
- Ultimo giorno di negoziazione: le negoziazioni di ciascun contratto in scadenza terminano contestualmente alla scadenza dello stesso, il terzo venerdì del mese di scadenza alle 9:05.
- Prezzo di regolamento: pari al prezzo di apertura del titolo nel giorno di scadenza.
- Margini di variazione: le posizioni in futures sono soggette a rivalutazione giornaliera, mediante pagamento/incasso del differenziale tra il prezzo di carico (prezzo di negoziazione o chiusura del giorno precedente) e prezzo di chiusura della giornata. In questo modo il rischio di credito è limitato a un solo giorno.

- Margini iniziali: la Cassa di Compensazione e Garanzia utilizza il sistema di garanzie TIMS (Theoretical Intermarket Margin System), che calcola i margini dovuti dagli aderenti sulla base dell'insieme delle posizioni relative allo stesso sottostante, ed aggrega e calcola il rischio relativo ai prodotti statisticamente correlati all'interno di un portafoglio integrato.

Gli Stock Futures sono futures su azioni, ovvero contratti aventi per oggetto l'acquisto/vendita di un'azione di Borsa a una data futura, a un prezzo stabilito. I sottostanti sono i medesimi dei contratti di opzione su azioni, e così come avviene per le opzioni, prevedono la consegna degli strumenti finanziari sottostanti una volta che i futures giungono a scadenza.

57

Dax Future

- Sottostante: indice Dax su Francoforte.
- Valore del contratto: 1 punto indice vale 25 Euro (il valore del contratto sarà pari al valore del future per 25 Euro).
- Variazione minima di prezzo (tick): 0.5.
- Valore Tick: 12.5 euro
- Scadenze quotate: le 3 scadenze più vicine del ciclo trimestrale marzo, giugno, settembre, dicembre.
- Ultimo giorno di negoziazione: terzo venerdì del mese di consegna, alle ore 13.00.
- Regolamento: cash settlement
- Orario di negoziazione mercato: dalle 7.30 alle 7.55 è possibile l'inserimento, la modifica e la cancellazione ordini (fase di pre-trading); dalle 8.00 alle 22.00 vi è la fase di trading (composta da pre-opening e trading).
- Prezzo di chiusura: media pesata dei prezzi durante il minuto precedente le ore 17.30.
- A scadenza: valore del rispettivo indice basato sui prezzi dell'asta di chiusura Xetra delle ore 13.00.

Eurostoxx 50 Index Future

- Sottostante: indice EURO STOXX 50.
- Valore del contratto: 1 punto indice vale 10 Euro (il valore del contratto sarà pari al valore del future per 10 Euro).
- Variazione minima di prezzo (tick): 1
- Valore Tick: 10 euro
- Scadenze quotate: le 3 scadenze più vicine del ciclo trimestrale marzo, giugno, settembre, dicembre.
- Ultimo giorno di negoziazione: terzo venerdì del mese di consegna, alle ore 12.00.
- Regolamento: cash settlement.
- Orario di negoziazione mercato: dalle 7.30 alle 7.55 è possibile l'inserimento, la modifica e la cancellazione ordini (fase di pre-trading); dalle 8.00 alle 22.00 vi è la fase di trading (composta da pre-opening e trading).
- Prezzo di chiusura: media pesata dei prezzi durante il minuto .precedente le ore 17.30.
- A scadenza: media dei valori dell'indice tra le 11.50 e le 12.00.

Future EuroStoxx Settoriali

- Valore del contratto: 1 punto indice vale 50 Euro (il valore del contratto sarà' pari al valore del future per 50 Euro).
- Variazione minima di prezzo (tick): 0.1
- Valore Tick: 5 euro
- Per il resto vale quanto indicato per Eurostoxx 50 Index Future.

STOXX Europe 600 Index Future

- Sottostante: indice STOXX Europe 600.
- Valore del contratto: 1 punto indice vale 50 Euro (il valore del contratto sarà pari al valore del future per 50 Euro).
- Variazione minima di prezzo (tick): 0.1
- Valore Tick: 5 euro
- Scadenze quotate: le 3 scadenze più vicine del ciclo trimestrale marzo, giugno, settembre, dicembre.
- Ultimo giorno di negoziazione: terzo venerdì del mese di consegna, alle ore 12.00.
- Regolamento: cash settlement.
- Orario di negoziazione mercato: dalle 7.30 alle 7.55 è possibile l'inserimento, la modifica e la cancellazione ordini (fase di pre-trading); dalle 8.00 alle 22.00 vi è la fase di trading (composta da pre-opening e trading).
- Prezzo di chiusura: media pesata dei prezzi durante il minuto precedente le ore 17.30.
- A scadenza: media dei valori dell'indice tra le 11.50 e le 12.00.

Stoxx 50 Index Future

- Sottostante: indice STOXX Europe 50.
- Valore del contratto: 1 punto indice vale 10 Euro (il valore del contratto sarà pari al valore del future per 10 Euro).
- Variazione minima di prezzo (tick): 1
- Valore Tick: 10 euro.
- Scadenze quotate: le 3 scadenze più vicine del ciclo trimestrale marzo, giugno, settembre, dicembre.
- Ultimo giorno di negoziazione: terzo venerdì del mese di consegna, alle ore 12.00.
- Regolamento: cash settlement.
- Orario di negoziazione mercato: dalle 7.30 alle 7.55 è possibile l'inserimento, la modifica e la cancellazione ordini (fase di pre-trading); dalle 8.00 alle 22.00 vi è la fase di trading (composta da pre-opening e trading)
- Prezzo di chiusura: media pesata dei prezzi durante il minuto precedente le ore 17.30.
- A scadenza: media dei valori dell'indice tra le 11.50 e le 12.00.

Nasdaq Future

Il Nasdaq 100 è l'indice lanciato nel 1985 che include le 100 maggiori aziende non appartenenti al settore finanziario contrattate al Nasdaq, la maggiore borsa interamente elettronica degli Stati Uniti con oltre 3.300 società quotate. Le società appartenenti all'indice Nasdaq 100 vengono pesate in base alla capitalizzazione modificata in base a un algoritmo proprietario del Nasdaq stesso. L'indice è tale da riflettere lo sviluppo delle maggiori compagnie quotate in numerosi settori a elevata crescita, tra i quali computer hardware e software, telecomunicazioni, farmaceutica e biotecnologia. Il Future sul Nasdaq 100 è stato introdotto nel 1996 e viene contrattato al CME (Chicago Mercantile Exchange).

- Sottostante: Nasdaq 100 Index
- Valore del contratto: 1 punto indice vale 100 $ (il valore del contratto sarà pari al valore del future per 100 $).
- Variazione minima di prezzo (tick): 0.25 punti.
- Valore Tick: 25 $ (0.25 x 100 $).
- Scadenze quotate: prime 5 scadenze nel ciclo trimestrale (Marzo, Giugno, Settembre, Dicembre).
- Ultimo giorno di negoziazione: terzo venerdì del mese di consegna, alle ore 15.30 italiane.
- Regolamento: cash settlement.
- Orario di negoziazione mercato: dalle 00.00 alle 23.15 per quanto concerne la contrattazione telematica (con sospensione dalle 15.15 alle 22.30), dalle 15.30 alle 22.15 per quanto concerne la contrattazione "alle grida".

Mini Nasdaq Future

Il mini Nasdaq 100 è il Future a dimensione ridotta con sottostante l'indice lanciato nel 1985 che include le 100 maggiori aziende non appartenenti al settore finanziario contrattate al Nasdaq. Le società appartenenti all'indice Nasdaq 100 vengono pesate in base alla capitalizzazione modificata in base a un algoritmo proprietario del Nasdaq stesso. L'indice è tale da riflettere lo sviluppo delle maggiori compagnie quotate in numerosi settori a elevata crescita, tra i quali computer hardware e software, telecomunicazioni, farmaceutica e biotecnologia. Il Future mini Nasdaq 100 ha un valore del contratto pari a un quinto di quello standard e ha consentito, sin dalla sua introduzione nel 1999, una maggiore partecipazione da parte degli investitori individuali.

- Sottostante: Nasdaq 100 Index.
- Valore del contratto: 1 punto indice vale 20 $ (il valore del contratto sarà pari al valore del future per 20 $).
- Variazione minima di prezzo (tick): 0,25 punti.
- Valore Tick: 5 $ (0.25 x 20 $)
- Scadenze quotate: prime 5 scadenze nel ciclo trimestrale (Marzo, Giugno, Settembre, Dicembre).
- Ultimo giorno di negoziazione: terzo venerdì del mese di consegna, alle ore 15.30 italiane.
- Regolamento: cash settlement.
- Orario di negoziazione mercato: la contrattazione e' esclusivamente telematica, dalle ore 00.00 alle ore 23.15 del giorno successivo (con sospensione dalle 22.15 alle 22.30). 56

Dow Jones Future

Il Dow Jones è il primo indice nato negli Stati Uniti per valutare i ritmi di crescita dell'economia americana. Deve la sua paternità a Charles Dow, padre dell'analisi tecnica e fondatore del Wall Street Journal. In realtà, quando si parla di Dow Jones si fa riferimento a uno degli indici di settore messi a punto da Charles Dow.

- Il Dow Jones Industrial Average che replica l'andamento di un portafoglio composto dalle maggiori 30 imprese industriali statunitensi, raggruppate in un rapporto pesato in base al loro prezzo. Pur essendo il classico metro di valutazione delle borse Usa, questo indice ha perso nel corso degli anni molta della sua importanza proprio per il fatto che il suo campione limitato a 30 Blue Chips tiene scarsamente conto dell'intero andamento del listino azionario americano.

Ciò nonostante il valore del Dow Jones viene costantemente riportato dai media, televisioni e giornali, con pari dignità rispetto ai più rappresentativi S&P 500, Nyse e Nasdaq Composite.
Il Future sul Dow Jones è lo strumento che permette di seguire l'andamento dell'Indice Dow Jones Industrial Average e, a differenza della maggior parte dei Financial Future, viene contrattato al CBOT (Chicago Board of Trade).

- Sottostante: Dow Jones Industrial Average.
- Valore del contratto: 1 punto indice vale 10 $ (il valore del contratto sarà pari al valore del future per 10 $).
- Variazione minima di prezzo (tick): 1 punto.
- Valore Tick: 10 $.
- Scadenze: quotate 4 scadenze del ciclo trimestrale marzo, giugno, settembre, dicembre.
- Ultimo giorno di negoziazione: terzo giovedì del mese di consegna.
- Regolamento: cash settlement.

- Orario di negoziazione mercato: 22.30 alle 15.15 per quanto concerne la contrattazione telematica (con sospensione dalle 23.30 alle 24.00), dalle 15.30 alle 22.15 per quanto concerne la contrattazione "alle grida".

Nikkei 225 Future

- Sottostante: Nikkei225 Index.
- Valore del contratto: 1 punto indice vale 5 $ (il valore del contratto sarà pari al valore del future per 5 $).
- Variazione minima di prezzo (tick): 5 punti.
- Valore Tick: 25 $.
- Scadenze quotate: 4 scadenze trimestrali.
- Ultimo giorno di negoziazione: il giorno lavorativo precedente il secondo venerdì del mese di scadenza, alle 22.15.
- Regolamento: cash settlement.
- Orario di negoziazione mercato: la contrattazione è esclusivamente telematica, dalle ore 00.00 alle ore 23.15 del giorno successivo (con sospensione dalle 22.15 alle 22.30).

S&P 500 Future

Lo S&P 500 è l'indice realizzato da Standard & Poor's nel 1957 che segue l'andamento di un paniere azionario formato dalle 500 aziende statunitensi a maggiore capitalizzazione. Fanno parte di questo basket le azioni di grandi aziende contrattate al New York Stock Exchange (Nyse), all'American Stock Exchange (Amex) e al Nasdaq. Il peso attribuito a ciascuna azienda è direttamente proporzionale al valore di mercato della stessa. Questo indice è forse il più ampiamente usato per misurare l'andamento del mercato azionario Usa ed è ormai riconosciuto come benchmark per le performance di portafoglio. Il Future sull'S&P 500 introdotto nel 1982 è lo strumento principe usato dai gestori per seguire l'indice o per effettuare coperture sul mercato Usa.
Viene contrattato al CME (Chicago Mercantile Exchange).

- Sottostante: Standard & Poor's 500 Stock Price Index.
- Valore del contratto: 1 punto indice vale 250 $ (il valore del contratto sarà pari al valore del future per 250 $).
- Variazione minima di prezzo (tick): 0.1 punti.
- Valore Tick: 25 $ (0.1 x 250$).
- Scadenze quotate: 8 scadenze nel ciclo trimestrale (Marzo, Giugno, Settembre, Dicembre).
- Ultimo giorno di negoziazione: terzo giovedì del mese di consegna.
- Regolamento: cash settlement.
- Orario di negoziazione mercato: 00.00 alle 23.15 per quanto concerne la contrattazione telematica (con sospensione dalle 15.15 alle 22.30), dalle 15.30 alle 22.15 per quanto concerne la contrattazione "alle grida".

Mini S&P 500 Future

Il Mini S&P 500 è il Future a dimensione ridotta con sottostante l'indice realizzato da Standard & Poor's nel 1957 che segue l'andamento di un paniere azionario formato dalle 500 aziende statunitensi a maggiore capitalizzazione. Fanno parte di questo basket le azioni di grandi aziende contrattate al New York Stock Exchange (Nyse), all'American Stock Exchange (Amex) e al Nasdaq. Il peso attribuito a ciascuna azienda è direttamente proporzionale al valore di mercato della stessa. Il Future mini S&P 500 ha un valore del contratto pari a un quinto di quello standard e ha consentito, sin dalla sua introduzione nel 1997, una maggiore partecipazione da parte degli investitori individuali. Viene contrattato al CME (Chicago Mercantile Exchange) e, a differenza della maggior parte delle commodity, il circuito di negoziazione è elettronico (Cme Globex), il che ne consente una contrattazione 24 ore su 24.

- Sigla contratto: ES
- Dimensione del contratto - 50 $ per ogni punto indice.
- Variazione minima di prezzo (tick) - 0,25
- Valore Tick - 12,50 $
- Quotazione contratto - in punti con due decimali.
- Mesi di scadenza: Marzo, Giugno, Settembre, Dicembre.
- Borsa: CME (Chicago Mercantile Exchange).
- Orario di contrattazione: dalle 8.30 a.m. alle 3.15 p.m. a Chicago.

Futures su Obbligazioni

Un future a reddito fisso è un tipo di contratto di futures in cui gli investitori stipulano un accordo per l'acquisto o la vendita di obbligazioni a un prezzo predeterminato a una data specificata nel futuro. Essi sono, generalmente, utilizzati per coprirsi o speculare sui tassi di interesse futuri.

A differenza delle opzioni, con i futures sia l'acquirente (posizione lunga) sia il venditore (posizione corta) per definizione si assumono un obbligo. Al momento della scadenza, l'acquirente è obbligato ad acquistare le obbligazioni sottostanti e il venditore è obbligato a fornire le obbligazioni sottostanti. Ad esempio, i Futures Euro-Bund scambiati su Eurex, hanno come sottostante i titoli di Stato tedeschi. Pertanto, se un investitore avesse una posizione lunga, sarebbe obbligato ad acquistare questi sottostanti titoli di Stato tedeschi alla scadenza sempre che la posizione non fosse stata chiusa in precedenza.

Vi è generalmente una relazione inversa tra i tassi di interesse sul mercato e il prezzo di un future a reddito fisso. Ad esempio, se la Banca Centrale Europea (BCE) abbassa i tassi di interesse, il prezzo delle obbligazioni sottostanti aumenta e di conseguenza aumenterà anche il prezzo dei futures a reddito fisso.

- Acquirenti e venditori di futures a reddito fisso hanno aspettative diverse su come si muoverà il valore del sottostante. Gli acquirenti prevedono un calo dei tassi di interesse e un aumento dei prezzi delle obbligazioni. I venditori, d'altra parte, prevedono un aumento dei tassi di interesse e una diminuzione dei prezzi delle obbligazioni.

Poiché solo una percentuale del valore del contratto deve essere inizialmente messa a disposizione, i futures a reddito fisso sono strumenti ad elevata leva finanziaria. Ciò significa che movimenti lievi dei prezzi possono avere un grande impatto. Quando il requisito di margine è più elevato, un investitore deve in genere depositare più margine per entrare nella posizione dei futures. Ciò, a sua volta, si traduce in una minore leva finanziaria. Una caratteristica esclusiva dei futures è che sono regolati giornalmente. Alla fine di ogni giorno di trading, il prezzo di chiusura di mercato è determinato dalla borsa sulla quale il future viene scambiato. Esso si definisce prezzo giornaliero mark-to-market (MTM) ed è lo stesso per tutti. Ci sono regolamenti giornalieri mark-to-market fino alla scadenza del contratto o fino a quando la posizione è chiusa.

Il trading di futures a reddito fisso può essere vantaggioso, ma comporta anche il rischio di perdite. È possibile perdere più dell'importo investito. Poiché il prezzo delle obbligazioni sottostanti non può scendere al di sotto di zero, la perdita massima in una posizione lunga in un future a reddito fisso è limitata al valore contrattuale della posizione. Poiché il prezzo delle obbligazioni sottostanti può in teoria aumentare senza limiti, il profitto in una posizione lunga è illimitato. Per le posizioni corte, la perdita potenziale è illimitata e l'utile è limitato al valore contrattuale della posizione.

Esaminiamo adesso nel dettaglio le caratteristiche dei seguenti Futures su Indici Obbligazionari:

- Bund Future
- Long Term Euro - BTP Future
- Mid Term Euro - BTP Future
- Short Term Euro - BTP Future
- OAT Future
- T-Bond Future
- T-Note Future

Bund Future

- Sottostante: 100.000 euro nominali di titoli BUND scadenza residua anni 8,5-10,5 cedola 6%.
- Valore del contratto: 100.000 euro.
- Variazione minima di prezzo (tick): 0,01
- Valore Tick: 10 euro
- Scadenze quotate: sono contemporaneamente quotate tre scadenze trimestrali successive del ciclo marzo, giugno, settembre, dicembre.
- Ultimo giorno di negoziazione: due giorni prima del decimo giorno di calendario del mese di consegna (oppure il giorno lavorativo successivo, se festivo), alle ore 12.30.
- Regolamento: consegna fisica. La Banca richiede la chiusura della posizione prima della scadenza
- Orario di negoziazione mercato: dalle 7.30 alle 7.50 è possibile l'inserimento, la modifica e la cancellazione ordini (fase di pre-trading); dalle 7.50 alle 22.00 vi è la fase di trading (composta da pre-opening e trading).
- Prezzo di chiusura: media pesata dei prezzi durante il minuto precedente le ore 17.15.
- A scadenza: media pesata dei prezzi durante il minuto precedente le ore 12.30.

Long Term Euro - BTP Future

- Sottostante: 100.000 euro nominali di titoli BTP scadenza residua anni 8,5 -11 cedola 6%.
- Valore del contratto 100.000 euro.
- Variazione minima di prezzo (tick): 0,01
- Valore Tick: 10 euro.
- Scadenze quotate: sono contemporaneamente quotate tre scadenze trimestrali successive del ciclo marzo, giugno, settembre, dicembre.
- Ultimo giorno di negoziazione: Due giorni prima del decimo giorno di calendario del mese di consegna (oppure il giorno lavorativo successivo, se festivo), alle ore 12.30
- Regolamento: consegna fisica. La Banca richiede la chiusura della posizione prima della scadenza.
- Orario di negoziazione mercato: dalle 7.30 alle 7.50 è possibile l'inserimento, la modifica e la cancellazione ordini (fase dipre-trading); dalle 7.50 alle 19.00 vi è la fase di trading (composta da pre-opening etrading).
- Prezzo di chiusura: media pesata dei prezzi durante il minuto precedente le ore 17.15.
- A scadenza: media pesata dei prezzi durante il minuto precedente le ore 12.30.

Mid Term Euro - BTP Future

- Sottostante: 100.000 euro nominali di titoli BTP scadenza residua anni 4,5 -6 cedola 6%.
- Valore del contratto 100.000 euro.
- Variazione minima di prezzo (tick): 0,01
- Valore Tick: 10 euro.
- Scadenze quotate: sono contemporaneamente quotate tre scadenze trimestrali successive del ciclo marzo, giugno, settembre, dicembre.
- Ultimo giorno di negoziazione: Due giorni prima del decimo giorno di calendario del mese di consegna (oppure il giorno lavorativo successivo, se festivo), alle ore 12.30
- Regolamento: consegna fisica. La Banca richiede la chiusura della posizione prima della scadenza.
- Orario di negoziazione mercato: dalle 7.30 alle 7.50 è possibile l'inserimento, la modifica e la cancellazione ordini (fase dipretrading); dalle 7.50 alle 19.00 vi è la fase di trading (composta da pre-opening etrading).
- Prezzo di chiusura: media pesata dei prezzi durante il minuto precedente le ore 17.15.
- A scadenza: media pesata dei prezzi durante il minuto precedente le ore 12.30.

Short Term Euro - BTP Future

- Sottostante: 100.000 euro nominali di titoli BTP scadenza residua anni 2 -3,25 cedola 6%.
- Valore del contratto 100.000 euro.
- Variazione minima di prezzo (tick): 0,01
- Valore Tick: 10 euro.
- Scadenze quotate: sono contemporaneamente quotate tre scadenze trimestrali successive del ciclo marzo, giugno, settembre, dicembre.
- Ultimo giorno di negoziazione: Due giorni prima del decimo giorno di calendario del mese di consegna (oppure il giorno lavorativo successivo, se festivo), alle ore 12.30
- Regolamento: consegna fisica. La Banca richiede la chiusura della posizione prima della scadenza.
- Orario di negoziazione mercato: dalle 7.30 alle 7.50 è possibile l'inserimento, la modifica e la cancellazione ordini (fase dipre-trading); dalle 7.50 alle 19.00 vi è la fase di trading (composta da pre-opening etrading).
- Prezzo di chiusura: media pesata dei prezzi durante il minuto precedente le ore 17.15.
- A scadenza: media pesata dei prezzi durante il minuto precedente le ore 12.30.

OAT Future

- Sottostante: 100.000 euro nominali di titoli OAT scadenza residua anni 8,5 - 10.5 cedola 6%.
- Valore del contratto 100.000 euro.
- Variazione minima di prezzo (tick): 0,01
- Valore Tick: 10 euro.
- Scadenze quotate: sono contemporaneamente quotate tre scadenze trimestrali successive del ciclo marzo, giugno, settembre, dicembre.
- Ultimo giorno di negoziazione: Due giorni prima del decimo giorno di calendario del mese di consegna (oppure il giorno lavorativo successivo, se festivo), alle ore 12.30
- Regolamento: consegna fisica. La Banca richiede la chiusura della posizione prima della scadenza.
- Orario di negoziazione mercato: dalle 7.30 alle 7.50 è possibile l'inserimento, la modifica e la cancellazione ordini (fase dipre-trading); dalle 7.50 alle 19.00 vi è la fase di trading (composta da pre-opening etrading).
- Prezzo di chiusura: media pesata dei prezzi durante il minuto precedente le ore 17.15.
- A scadenza: media pesata dei prezzi durante il minuto precedente le ore 12.30.

T-Bond Future

- Sottostante: 100.000 USD di Treasury Bond USA.
- Valore del contratto: 1.000.000 $.
- Variazione minima di prezzo (tick): 1/32 di punto.
- Valore Tick: 31.25$ (1/32 x 1.000.000).
- Scadenze: quotate Prime tre scadenze del ciclo trimestarle marzo, giugno, settembre, dicembre.
- Ultimo giorno di negoziazione: il settimo giorno lavorativo precedente all'ultimo giorno lavorativo del mese di scadenza, alle ore 19.01.
- Regolamento: Il regolamento avviene con la consegna fisica del sottostante. La Banca richiede la chiusura delle posizioni prime della scadenza.
- Orario di negoziazione mercato: dalle ore 00.00 alle 23.00 per quanto concerne la contrattazione telematica, dalle ore 14.20 alle ore 21.00 per quanto concerne la contrattazione "alle grida".

T-Note Future

- Sottostante: 100.000 USD di Treasury Bond USA.
- Valore del contratto: $ 1.000.000.
- Variazione minima di prezzo (tick): 1/64 di punto.
- Valore Tick: 15.625$ (1/64 x 1.000.000).
- Scadenze: quotate Prime cinque scadenze del ciclo trimestale marzo, giugno, settembre, dicembre.
- Ultimo giorno di negoziazione: il settimo giorno lavorativo precedente all'ultimo giorno lavorativo del mese di scadenza, alle ore 19.01.
- Orario di negoziazione mercato: dalle ore 00.00 alle 23.00 per quanto concerne la contrattazione telematica, dalle ore 14.20 alle ore 21.00 per quanto concerne la contrattazione "alle grida".

Futures su Valute

Il Future su Valute è un contratto a termine, standardizzato e negoziato su mercati regolamentati, relativo a un'operazione di acquisto/vendita di valuta, in una data futura, a un tasso di cambio prefissato al momento della stipula del contratto. Si tratta di un contratto derivato simmetrico, che sancisce l'impegno assunto da due controparti ad adempiere a scadenza una certa obbligazione. La posizione si chiude con la consegna (o il ritiro) della valuta sottostante alla scadenza del contratto oppure attraverso la negoziazione di un contratto di segno opposto prima della scadenza. I currency futures sono contratti standardizzati, caratterizzati, quindi, dalla definizione puntuale e uniforme dello strumento sottostante (underlying), della sua quantità, della data di scadenza e delle modalità di negoziazione (limite di contrattazione, lotti minimi, meccanismi di formazione del prezzo).
I currency futures possono essere utilizzati in relazione ai seguenti obiettivi:

- Copertura di posizioni in valuta contro indesiderate variazioni dei tassi di cambio.
- Speculazione sull'andamento della valuta sottostante.
- Arbitraggio.

In base al tipo di valuta negoziata e alla dimensione del contratto, un contratto future su valuta può essere di diversi tipi. Le valute più comunemente scambiate sono Euro, Dollaro USA, Dollaro canadese, Sterlina, Franco e Yen. A seconda delle dimensioni, possono essere standard o full size, mini o half size e micro (circa un decimo dello standard).

- Per evitare che gli speculatori manipolino il mercato, sono autorizzati a detenere solo un determinato numero massimo di contratti.

Il prezzo spot è il prezzo corrente, mentre il prezzo future è il prezzo attuale per la consegna futura. La differenza tra i due viene definita "base".

Il requisito dei margini:

- Margine iniziale: l'importo richiesto per stipulare un contratto future.
- Margine di mantenimento: importo minimo richiesto per mantenere la propria posizione.
- Margine di variazione: quando il margine mantenuto scende al di sotto del minimo richiesto, la differenza viene definita margine di variazione.

La richiesta di margine viene effettuata per ripristinare il saldo del conto del margine al margine di mantenimento.

Il regolamento può avvenire tramite consegna fisica, regolamento in contanti, regolamento privato che informa lo scambio in un secondo momento o assumendo posizioni inverse.

Formula dei prezzi:

$$\text{Currency Futures Price} = Se*(r - rf)*T$$

dove:

- S = tasso spot
- (r-rf) = differenziale del tasso di interesse tra valuta domestica ed estera
- T = tempo

I contratti futures su valuta non possono essere personalizzati per adeguarli a dimensioni del contratto diverse da quelle standard.

- Le speculazioni che non si basano su un'analisi dettagliata possono provocare perdite potenzialmente enormi.

Esaminiamo adesso nel dettaglio le caratteristiche dei seguenti Futures su Valute:

- Australian Dollar Future
- British Pound Future
- Canadian Dollar Future
- Euroforex Future (cambio Eur/Usd)
- Japanese Dollar Future
- New Zeland Dollar Future
- Russian Ruble Future
- Sud African Rand Future
- Swiss Franc Future
- Chineese Renminbi Future
- Eur/Yen Future
- Eurodollar Future

Australian Dollar Future

- Sottostante: Tasso di Cambio AUD/USD.
- Valore del contratto: 100.000 AUD.
- Variazione minima di prezzo (tick): 0, 0001.
- Valore Tick: 10 $.
- Scadenze quotate: 6 scadenze trimestrali nel ciclo Marzo, Giugno, Settembre, Dicembre.
- Ultimo giorno di negoziazione: 2 giorni di Borsa aperta precedenti il terzo mercoledì del mese di scadenza. Le negoziazioni terminano alle ore 16:16.
- Regolamento: il regolamento avviene con la consegna fisica del sottostante. La Banca richiede la chiusura delle posizioni prime della scadenza.
- Orario di negoziazione mercato: 0:00 - 23:00 (circuito telematico Globex).

British Pound Future

La Sterlina Inglese è la valuta del Regno Unito e costituisce una delle maggiori divise negoziate nel mondo da parte di imprese, istituzioni, banche e trader individuali. Da sempre ha occupato un posto di rilievo negli scambi valutari, aiutata da un lato dall'indiscussa supremazia della City negli affari economici europei e da un lato come moneta di riferimento tra gli scambi import-export tra Europa e Stati Uniti. Pur essendo stata inserita sin dal primo momento al paniere dell'ECU, non ha aderito all'adozione dell'Euro, atto che, se da un lato ha preservato la sua economia dalle dinamiche equilibratrici di convergenza comunitaria, rischia tuttora di spingerla in un isolamento valutario. Proprio queste sono le ragioni che hanno visto diminuire l'importanza del cross valutario Sterlina/Dollaro a favore di un più scambiato Euro/Dollaro, con un eventuale triangolazione Euro/Sterlina. Il Future sulla Sterlina Inglese è stato introdotto nel 1975.

- Sottostante: Tasso di Cambio GBP/USD.
- Valore del contratto: 62.500 GBP.
- Variazione minima di prezzo (tick): 0,0001.
- Valore Tick: 6,25 $.
- Scadenze quotate: 6 scadenze trimestrali nel ciclo Marzo, Giugno, Settembre, Dicembre.
- Ultimo giorno di negoziazione: 2 giorni di Borsa aperta precedenti il terzo mercoledì del mese di scadenza. Le negoziazioni terminano alle ore 16:16.
- Regolamento: il regolamento avviene con la consegna fisica del sottostante. La Banca richiede la chiusura delle posizioni prime della scadenza.
- Orario di negoziazione mercato: 0:00 - 23:00 (circuito telematico Globex).

Canadian Dollar Future

Il Dollaro Canadese deve la sua importanza alla vicinanza agli Usa e all'intensità dei rapporti commerciali import - export con gli Stati Uniti. Allo stesso tempo il Canada ha sempre rappresentato un importante snodo commerciale tra l'economia Usa e il sistema dei paesi facenti parte il Commonwealth.

Il Future sul Dollaro Canadese introdotto nel 1972 definisce il rapporto di cambio tra la valuta americana e quella canadese, indicando quanti dollari Usa occorrono per acquistare un dollaro canadese. il valore del contratto è pari a 100.000 dollari canadesi e come la maggior parte dei Financial Future ha scadenze trimestrali (marzo, giugno, settembre, dicembre).

Viene contrattato al CME (Chicago Mercantile Exchange) attraverso il circuito di negoziazione elettronico (Cme Globex), che ne consente una contrattazione 24 ore su 24.

- Sottostante: Tasso di Cambio CAD/USD.
- Valore del contratto: 100.000 CAD.
- Variazione minima di prezzo (tick): 0,0001.
- Valore Tick: 10 $.
- Scadenze quotate: 6 scadenze trimestrali nel ciclo Marzo, Giugno, Settembre, Dicembre.
- Ultimo giorno di negoziazione: un giorno di Borsa aperta precedente il terzo mercoledì del mese di scadenza. Le negoziazioni terminano alle ore 16:16.
- Regolamento: il regolamento avviene con la consegna fisica del sottostante. La Banca richiede la chiusura delle posizioni prime della scadenza.
- Orario di negoziazione mercato: 0:00 - 23:00 (circuito telematico Globex).

Euroforex Future (cambio Eur/Usd)

L'Euro, è la valuta sovranazionale della maggior parte dei paesi della Comunità Europea, grande escluso il Regno Unito che non ha adottato tale divisa mantenendo la Sterlina Britannica.

Dall'avvento dell'Euro il valore del cambio Euro/Dollaro Usa è il più usato, non solo per le transazioni internazionali a regolamento dei flussi di import/export delle merci fra le due sponde dell'Oceano Atlantico, ma anche per effettuare triangolazioni di copertura fra le varie divise. Negli ultimi anni le contrattazioni sono state sostenute anche da un enorme flusso di scambi di origine speculativa, frutto di un crescente interesse degli operatori finanziari su mercati differenti rispetto a quelli azionari e obbligazionari.

Il Future sul rapporto di cambio fra Euro e Dollaro Usa indica quanti dollari Usa occorrono per acquistare un Euro; il valore del contratto è pari a 125.000 Euro e come la maggior parte dei Financial Future ha scadenze trimestrali (marzo, giugno, settembre, dicembre).

- Sottostante: 125.000 EURO.
- Valore del contratto: 12.50 $.
- Variazione minima di prezzo (tick): 0.0001.
- Valore Tick: 12.5 $.
- Scadenze quotate: 6 scadenze trimestrali nel ciclo Marzo, Giugno, Settembre, Dicembre.
- Ultimo giorno di negoziazione: 2 giorni di Borsa aperta precedenti il terzo mercoledì del mese di scadenza. Le negoziazioni terminano alle ore 16:16.
- Regolamento: il regolamento avviene con la consegna fisica del sottostante. La Banca richiede la chiusura delle posizioni prime della scadenza.
- Orario di negoziazione mercato: 0:00 -23:00 (circuito telematico Globex).

Japanese Dollar Future

Lo Yen è la valuta del Giappone e costituisce un'importante divisa di riferimento per gli scambi commerciali con parte dell'area dell'Asia orientale. In particolare sino all'avvento tecnologico da parte della Cina, gran parte dei prodotti elettronici ad elevata integrazione avevano origine dal Giappone, oltre ad alcuni paesi del sud-est asiatico; ciò ha contribuito ad accrescere l'importanza della valuta giapponese per i mercati finanziari. La divisa giapponese funge inoltre da valuta appoggio per le triangolazioni e gli arbitraggi di copertura nei cross Euro e Dollaro, equilibri su cui spesso nel passato si è inserita anche la BOJ (Bank of Japan). Il Future sullo Yen introdotto nel 1972 definisce il rapporto di cambio tra la valuta americana e quella giapponese, indicando quanti dollari occorrono per acquistare uno yen.

- Valore del contratto: 12.500.000 JPY.
- Variazione minima di prezzo (tick): 0,000001.
- Valore Tick: 12,5 $.
- Scadenze quotate: 6 scadenze trimestrali nel ciclo Marzo, Giugno, Settembre, Dicembre.
- Ultimo giorno di negoziazione: 2 giorni di Borsa aperta precedenti il terzo mercoledì del mese di scadenza. Le negoziazioni terminano alle ore 16:16.
- Regolamento: il regolamento avviene con la consegna fisica del sottostante. La Banca richiede lachiusura delle posizioni prime della scadenza.
- Orario di negoziazione mercato: 0:00 -23:00 (circuito telematico Globex).

New Zeland Dollar Future

- Valore del contratto: 100.000 NZD.
- Variazione minima di prezzo (tick): 0,0001.
- Valore Tick: 10 $.
- Scadenze quotate: 6 scadenze trimestrali nel ciclo Marzo, Giugno, Settembre, Dicembre.
- Ultimo giorno di negoziazione: 2 giorni di Borsa aperta precedenti il terzo mercoledì del mese di scadenza. Le negoziazioni terminano alle ore 16:16.
- Regolamento: il regolamento avviene con la consegna fisica del sottostante. La Banca richiede la chiusura delle posizioni prime della scadenza.
- Orario di negoziazione mercato: 0:00 - 23:00 (circuito telematico Globex).

Russian Ruble Future

- Valore del contratto: 2.500.000 RUB.
- Variazione minima di prezzo (tick): 0,00001.
- Valore Tick: 25 $.
- Scadenze quotate: 12 scadenze consecutive per il primo anno più 16 scadenze Marzo dei successivi 5 anni (totale 28 scadenze).
- Ultimo giorno di negoziazione: Ore 8 del 15° giorno di Borsa (Mosca) aperta o giorno successivo.
- Regolamento: cash settlement.
- Orario di negoziazione mercato: 0:00 - 23:00 (circuito telematico Globex).

Sud African Rand Future

- Valore del contratto: 500.000 ZAR.
- Variazione minima di prezzo (tick): 0,000025.
- Valore Tick: 12.5 $.
- Scadenze: quotate 13 scadenze mensili più 2 scadenze Marzo.
- Ultimo giorno di negoziazione: 2 giorni di Borsa aperta precedenti il terzo mercoledì del mese di scadenza. Le negoziazioni terminano alle ore 16:16.
- Regolamento: il regolamento avviene con la consegna fisica del sottostante. La Banca richiede la chiusura delle posizioni prime della scadenza.
- Orario di negoziazione mercato: 0:00 - 23:00 (circuito telematico Globex).

Swiss Franc Future

Il Franco Svizzero è la valuta della piccola Confederazione Elvetica, ha sempre rappresentato una divisa importante in quanto scarsamente correlata con gli andamenti delle altre valute e quindi fornisce una buona diversificazione dei portafogli monetari. Il Future sul Franco Svizzero introdotto nel 1972 definisce il rapporto di cambio tra la valuta americana e quella svizzera, indicando quanti dollari occorrono per acquistare un franco svizzero; il valore del contratto è pari a 125.000 franchi e come la maggior parte dei Financial Future ha scadenze trimestrali (marzo, giugno, settembre, dicembre). Viene contrattato al CME (Chicago Mercantile Exchange) attraverso il circuito di negoziazione è elettronico (Cme Globex), che ne consente una contrattazione 24 ore su 24.

- Valore del contratto: 125.000 CHF.
- Variazione minima di prezzo (tick): 0,0001.
- Valore Tick: 12.5 $.
- Scadenze; quotate 6 scadenze trimestrali nel ciclo Marzo, Giugno, Settembre, Dicembre.
- Ultimo giorno di negoziazione: 2 giorni di Borsa aperta precedenti il terzo mercoledì del mese di scadenza. Le negoziazioni terminano alle ore 16:16.
- Regolamento: il regolamento avviene con la consegna fisica del sottostante. La Banca richiede la chiusura delle posizioni prime della scadenza.
- Orario di negoziazione mercato: 0:00 - 23:00 (circuito telematico Globex).

Chineese Renminbi Future

- Valore del contratto: 1.000.000 RMB.
- Variazione minima di prezzo (tick): 0,00001.
- Valore Tick: 10 $.
- Scadenze quotate: 13 scadenze mensili più 2 scadenze Marzo.
- Ultimo giorno di negoziazione: 1 giorno di Borsa aperta precedente il terzo mercoledì del mese di scadenza. Le negoziazioni terminano alle ore 2.00.
- Regolamento: cash settlement.
- Orario di negoziazione mercato: 0:00 - 23:00 (circuito telematico Globex).

Eur/Yen Future

- Valore del contratto: 125.000 EUR.
- Variazione minima di prezzo (tick): 0,01.
- Valore Tick, 1.250 JPY.
- Scadenze: quotate 6 scadenze trimestrali nel ciclo Marzo, Giugno, Settembre, Dicembre.
- Ultimo giorno di negoziazione: 2 giorni di Borsa aperta precedenti il terzo mercoledì del mese di scadenza. Le negoziazioni terminano alle ore 16:16.
- Regolamento: Il regolamento avviene con la consegna fisica del sottostante. La Banca richiede la chiusura delle posizioni prime della scadenza.
- Orario di negoziazione mercato: 0:00 - 23:00 (circuito telematico Globex).

Eurodollar Future

- Sottostante: Deposito di $ 1.000.000 al tasso LIBOR a 3 mesi.
- Valore del contratto: $ 1.000.000.
- Variazione minima di prezzo (tick): 0,0025 per il contratto nel mese di scadenza, 0,005 per gli altri contratti.
- Valore Tick: 6.25 $ per il contratto nel mese di scadenza, 12.5 $ per gli altri contratti.
- Scadenze: quotate 40 scadenze trimestrali e 4 mensili più vicine.
- Ultimo giorno di negoziazione: 2 giorni di Borsa di Londra aperta precedenti il terzo mercoledì del mese di scadenza. Le negoziazioni terminano alle 12:00.
- Regolamento: Cash settlement.
- Orario di negoziazione mercato: 0:00 - 23:00 (circuito telematico Globex).

Futures su Materie Prime

Con il termine commodities, plurale di commodity, si indicano le Materie Prime (MP), ossia i beni necessari alla sopravvivenza dell'uomo e al suo benessere.

Tra le più importanti possiamo citare: Energia (petrolio, benzina, gas naturale); Cereali (grano, mais, avena, soia e suoi derivati, frumento); Metalli (oro, argento, platino, palladio, rame, zinco, alluminio, nickel); Carni (maiali, pancetta di maiale, bovini, bovini da latte); Prodotti coloniali e tropicali (caffè, cacao, zucchero, succo d'arancia, tabacco); Fibre (cotone); Legname da costruzione.

Il luogo in cui queste MP vengono scambiate fisicamente viene chiamato mercato spot o cash, mentre per coloro che intendono fare operazioni speculative c'è il mercato dei futures. Quest'ultimo risulta essere il più grande mercato al mondo, anche più di quello azionario.

Un contratto futures sulle materie prime è un tipo di derivato in base al quale gli investitori concludono un accordo per l'acquisto o la vendita di un importo fisso di una materia prima, un prezzo e a una data predeterminati. Le materie prime possono essere, generalmente, classificate come alimenti, energia e metalli. All'interno di queste categorie, un contratto specificherà la materia prima sottostante, come il petrolio greggio o il mais.

Il prezzo del contratto futures sulle materie prime si basa principalmente sul prezzo spot del sottostante, ma il tempo fino alla consegna, i tassi di interesse e i costi di stoccaggio sono tutti fattori determinanti del prezzo. Acquirenti e venditori nel mercato dei futures hanno convinzioni opposte su come si realizzeranno i prezzi delle materie prime sottostanti.

- Un acquirente realizzerà un utile lordo se il valore della materia prima sottostante aumenterà alla scadenza dei futures e una perdita lorda se esso diminuirà.
- Invece, un venditore realizzerà un utile lordo quando il valore del sottostante diminuirà alla scadenza e una perdita lorda se esso aumenterà.

94

A differenza di altri prodotti finanziari come i titoli, con i futures gli investitori non pagano l'intero importo in contanti in anticipo né posseggono l'attività sottostante. Invece, depositano il margine iniziale per entrare nella posizione dei futures. L'importo del margine richiesto è una percentuale del valore del contratto. Poiché solo una percentuale del valore del contratto deve essere inizialmente messa a disposizione, i futures sulle materie prime sono strumenti ad elevata leva finanziaria. Ciò significa che movimenti dei prezzi lievi possono avere un grande impatto. Quando il requisito di margine è più elevato, un investitore deve in genere depositare più margine per entrare nella posizione dei futures. Ciò, a sua volta, si traduce in una minore leva finanziaria.

I principali mercati dei future si trovano a Londra (LIFFE, ICE, LME) e negli USA.

Tra le borse futures più importanti degli Stati Uniti ci sono:

- CBOT (Chicago Board of Trade)
- CME (Chicago Mercantile Exchange)
- NYMEX (New York Mercantile Exchange)
- NYBOT (New York Board of Trade)
- CSCE (Coffee, Sugar, Cocoa Exchange)
- COMEX (Commodity Exchange)
- MACE (MidAmerica Commodity Exchange).

In ognuna di queste borse vengono trattati future su Materie Prime diverse.

Gli speculatori "scommettono" su che prezzo avranno le merci nei prossimi mesi: se un trader ipotizza un incremento del valore di una MP, dovrà acquistare un contratto future mentre se crede in un ribasso delle quotazioni, dovrà vendere il contratto future. Quando si compra un future su una MP ci si impegna ad acquistare, ad una certa data, una certa commodity mentre se si vende un future ci si impegna a vendere, ad una certa data, una certa commodity. Solamente il 2% delle transazioni si traduce in un effettivo acquisto/vendita di materia prima, in quanto la maggior parte delle volte la posizione si chiude prendendo sul mercato una posizione opposta a quella iniziale.

- Per operare in una borsa future negli USA bisogna necessariamente utilizzare una FMC (Future Commission

Merchant). Le FMC sono società d'intermediazione che effettuano le transazioni in nome di clienti privati o istituzionali. Questi broker servono anche per garantire le operazioni di scambio, in altre parole ci permettono di trascurare la controparte della nostra operazione in quanto sono anche in grado di assolvere gli impegni.

Le FMC non devono necessariamente essere membri della Borsa: in questo caso per piazzare gli ordini devono a loro volta utilizzare una FMC-membro. Quando parliamo di prezzo di una MP, ci riferiamo all'unica cosa sulla quale vi è trattativa tra acquirente e venditore, poiché le quantità di un contratto futures sono indivisibili e rappresentano la minima quantità scambiabile mentre la qualità della merce è stabilita già a priori in modo ben preciso. Per esempio l'argento deve essere puro al 99,99% e deve essere scambiato in forma di lingotto.

Per quanto riguarda invece l'arco temporale di un future, dobbiamo dire che questo tipo di contratto ha una vita limitata nel tempo, ha cioè una scadenza. Il primo giorno delle tre settimane antecedenti la scadenza del contratto viene chiamato First Notice Day (FND). Generalmente le commodity vengono indicate con una sigla (code) e con il mese e l'anno di consegna/scadenza.

Ad esempio, per il Crude Oil (petrolio) la sigla è CL, per il Coffee (caffè) è KC, per il Gold (oro) è GC, e per i Live Cattle (bovini) è LC.

Tra i vari indici in circolazione grande importanza riveste il CRB (Commodity Research Bureau), che rappresenta un paniere composto di 23 Materie Prime, tra le più scambiate sui mercati.

Questo indice è composto per il 18% dagli Energy (petrolio, gasolio e gas naturale), per il 18% dai Grains (mais, semi di soia e frumento), per il 12% dagli Industrial (rame e cotone), per il 12% dai Livestock (bovini vivi e maiali), per il 17% dai metalli preziosi (oro, platino e argento) e per il 23% dai Softs - coloniali (cacao, caffè, succo d'arancia e zucchero).

Non potevamo concludere l'argomento commodity senza citare la Commodity Future Trading Commission (CFTC), ossia l'organismo di controllo dei mercati future americani, al quale settimanalmente i broker americani devono comunicare le posizioni dei propri clienti. In tal modo la CFTC riesce a ordinare il totale dei futures acquistati secondo tre differenti categorie, individuate in base alla natura dell'operatore:

- I commercials, ovvero gli istituzionali
- I non commercials ossia gli speculatori professionali (fondi ed Hedge Fund)
- I non reportable position, o day traders (chiamati anche small trader).

La CFTC fornisce al mercato notizie sulle variazioni delle posizioni di questi soggetti attraverso il COT (Commitments of Traders), ossia un report settimanale utile per interpretare l'andamento futuro della borsa americana. Il comportamento dei commercials, infatti, incide fortemente sulle quotazioni dei future a stelle e strisce.

Le commodity sono negoziate, principalmente mediante contratti future, nei seguenti mercati:

- New York Mercantile Exchange (NYMEX) - negozia alluminio, carbone, rame, petrolio greggio, energia elettrica, benzina, oro, nafta, gas naturale, palladio, argento, propano, platino.
- Chicago Board of Trade (CBOT).
- Intercontinental Exchange (ICE) precedentemente noto come International Petroleum Exchange (IPE).
- Chicago Mercantile Exchange (CME)
- London Metal Exchange (LME).
- New York Board of Trade (NYBOT) - negozia cacao, caffè, cotone, alcol etilico (etanolo), pasta di cellulosa, zucchero, succo d'arancia concentrato.
- London International Financial Future Exchnge (LIFFE).
- Euronext.

Il **NYMEX** (New York Mercantile Exchange) è il principale mercato mondiale per futures e opzioni sui prodotti energetici, come petrolio e gas naturale; su metalli preziosi, come argento, oro, palladio e platino; e su metalli industriali, come alluminio e rame. Le contrattazioni al NYMEX avvengono col sistema dell'Open Auction, vale a dire un'asta continua effettuata dagli operatori in un luogo fisico (Floor), combinata con i più avanzati sistemi telematici di contrattazione elettronica.

Il **CBOT** - Chicago Board of Trade - fondato nel 1848, è il più vecchio luogo di scambio di futures e di opzioni al mondo. Più di 50 differenti opzioni e futures vengono trattate da ben 3600 membri della compagnia. Il volume di scambio nel 2003 è di 454 milioni. Il 12 luglio 2007, il CBOT ebbe una fusione con il CME, parte del gruppo CME holding company.

L'IPE - International Petroleum Exchange (IPE che oggi si chiama ICE - Inter Continental Exchange) - con sede a Londra, era uno dei più grandi mercati al mondo di scambio per futures e opzioni. Il suo prodotto di punta, il Brent Crude è stato un punto di riferimento mondiale per i prezzi del petrolio, così come lo scambio di contratti futures e opzioni su olio combustibile, gas naturale, energia elettrica. L'IPE è stato alle grida fino al 7 aprile 2005, quando il suo nome fu cambiato in **ICE** e tutte le transazioni sono state spostate su una piattaforma di commercio elettronico.

L'Inter Continental Exchange (ICE)è una società americana che gestisce sia i mercati finanziari basati su Internet che il commercio e i futures over-the-counter (OTC) di energia e i contratti su materie prime, nonché prodotti derivati. Mentre l'obiettivo iniziale della società erano i prodotti energetici (petrolio greggio e raffinato, il gas naturale, il potere, e le emissioni), le recenti acquisizioni hanno ampliato la sua attività nella "soft" commodities (zucchero, cotone e caffè), cambi e futures su indici azionari.

Attualmente l'ICE è organizzata in tre linee di business:

- Mercati ICE - futures, opzioni e mercati OTC. Energia futures sono scambiati via ICE Futures Europe; soft commodity futures/opzioni sono gestite da ICE Futures USA.
- Servizi ICE - conferme commercio elettronico e l'istruzione.
- I dati ICE - fornitura elettronica dei dati di mercato, comprese le operazioni in tempo reale, i prezzi storici e quotidiani indici.

I contratti venduti attraverso ICE Futures Usa sono trattati attraverso una società controllata, l'ICE Clear Stati Uniti (ICEUS). Energia futures e contratti OTC sono attualmente autorizzato all'esterno, attraverso LCH.Clearnet, Ltd., ma ICE ha annunciato piani per queste operazioni di transizione a una nuova filiale, l'ICE Clear Europa (ICEU), dalla metà del 2008.

Con sede ad Atlanta, l'ICE ha anche uffici a Calgary, Chicago, Houston, Londra, New York e Singapore, con hub regionale delle telecomunicazioni a Chicago, New York, Londra e Singapore.

Il **Chicago Mercantile Exchange** (CME) nasce nel lontano 1898 con il nome Chicago Butter and Egg Board e solo nel 1919 assumerà quella che ancora oggi è la sua denominazione.

Non si tratta del primo mercato future americano in quanto il Chicago Board of Trade (CBOT), venne fondato nel 1848, anche se solo nel 1865 venne introdotto il primo contratto future. Il CME saprà comunque recuperare terreno fino a incorporare il CBOT nel 2007 all'interno del CME Group. Nell'agosto 2008 è stata inoltre completata l'acquisizione del New York Mercantile Exchange (NYMEX). Per molto tempo gli unici contratti scambiati al CME hanno avuto come asset sottostante prodotti agricoli come grano, farina, pancetta ecc.. Dobbiamo, infatti, attendere il 1972 per assistere al debutto del primo "financial future".

In quell'anno iniziarono a essere scambiati future su sette valute (sterlina inglese, dollaro canadese, marco tedesco, franco francese, yen giapponese, peso messicano, franco svizzero). Lo sviluppo dei mercati finanziari portò negli anni successivi a una crescita esponenziale degli strumenti a disposizione degli operatori.

Tra i 1975 e il 1977 il CBOT lanciò i primi future sui tassi d'interesse. Particolarmente importante fu il debutto del contratto sul T-Bond, il titolo di stato americano, che divenne rapidamente il future più trattato al mondo. Fondamentale fu anche il biennio '81-'82 quando il CME introdusse il contratto sui depositi in eurodollari e quindi il primo future su un indice di borsa, l'S&P 500. Nel 1997 il CME aprì le porte ai trader privati grazie all'invenzione dell'E-mini S&P 500 future, un contratto di taglia ridotta rispetto a quello standard e quindi negoziabile con margini accessibili anche agli operatori non istituzionali.

Attualmente il range di prodotti scambiati presso il CME Group va dai future (e opzioni) su indici, valute, tassi d'interesse e commodities, fino ai derivati su indicatori economici (ad es. l'inflazione) e sull'andamento delle condizioni meteorologiche.

Gli scambi al CME avvengono in due modi. Al classico sistema delle "grida", nel quale operatori specializzati sono fisicamente presenti nella sala di negoziazione e si scambiano contratti mediante un set codificato di gesti con le mani (impossibile farlo a voce dato il caos che si creerebbe), nel 1992 è stata affiancata una piattaforma telematica che permette ai trader di operare a distanza mediante appositi terminali.

Il **London Metal Exchange** (LME) è la borsa dei metalli non ferrosi più importante del mondo. La scadenza media dei *futures* contrattati quotidianamente è a 3 mesi, anche se vengono stabiliti anche contratti a più lungo termine come anche sul *pronti*. Ad oggi è considerato il punto di riferimento mondiale del proprio mercato.

Ha sede a Londra, al civico 56 di *Leadenhall Street*.

Il London Metal Market and Exchange Company è stata fondata nel 1877 ma le prime tracce delle sue origini sono da imputare a 3 secoli prima: nel 1571 con l'apertura della *Royal Exchange*. Inizialmente veniva trattato solamente il rame, mentre il piombo e lo zinco sono stati aggiunti ufficialmente nel 1920. Il mercato è stato chiuso durante il secondo conflitto mondiale e riaprì dopo il 1952. Altri metalli furono aggiunti come l'alluminio nel 1978, il nickel nel 1979, le Leghe di alluminio nel 1992 mentre alcuni materiali plastici iniziarono le contrattazioni nel 2005. Il valore scambiato annualmente ammonta a circa 8.500 miliardi di dollari. Nel 2008 è entrato nel listino l'acciaio.

Le contrattazioni sono esclusivamente di due tipi: *inter-office*, e una contrattazione verbale all'interno del *Ring* (circolo di poltrone dove avvengono le trattazioni del cosiddetto *circolo delle grida*). Le sedute di contrattazioni sono due: c'è quella della mattina (dalle 11:40 alle 13:15) e quella pomeridiana (dalle 15:10 alle 16:35 GMT) dove vengono contrattati gli otto metalli in sessioni della durata di cinque minuti ognuna alternate da dieci minuti di pausa. La seconda sessione della mattina è quella che stabilisce la quotazione giornaliera dei metalli trattati (*Daily Official Exchange rates*). Al termine delle contrattazioni ufficiali ci sono quindici minuti di "kerb" trading (trattazioni nel dopo borsa): tutti i metalli sono trattati simultaneamente nel ring. Le trattazioni dopo borsa sono spesso chiamate semplicemente *sul dopo borsa* o *dopo borsa* (kerb). Il termine deriva dalla storia antica del mercato a termine delle materie prime quando le trattazioni dopo l'orario d'ufficio erano letteralmente condotte sul marciapiede (kerb) della strada. Le trattazioni sono *futures*, *options*, TAPOs (un tipo di options asiatica). Sono dodici le compagnie *Ring Dealing Member* che hanno l'esclusiva di trattare nel Ring e circa 100 quelle coinvolte nel mercato.

Al contrario della credenza popolare, i metalli preziosi come l'oro e l'argento non sono trattati nell'LME, ma sul mercato over the counter, inizialmente dalla New York Mercantile Exchange (NYMEX) e dalla Tokyo Commodity Exchange (TOCOM) e per ultima dalla London Bullion Market Association (LBMA) che ne fissa le quotazioni ufficiali giornaliere. Il platino e il palladio sono invece trattati London Platinum and Palladium Market (LPPM).

I metalli minori non vengono trattati dall'LME, e le compagnie che li trattano sono riunite nella Minor Metal Trade Association.

Il **New York Board of Trade** (NYBOT), ribattezzato ICE Futures USA nel settembre del 2007, è una filiale interamente di proprietà di Inter Continental Exchange (ICE). Si tratta di un fisico scambio di merci futures a New York City.

E' nato nel 1870 come New York Cotton Exchange (NYCE). Nel 1998, il New York Board of Trade divenne la casa madre sia del New York Cotton Exchange che del Caffè Sucre & Cacao Exchange (CSCE) (fondata nel 1882) e che ora funzionano come 86

le divisioni del NYBOT. Il 14 settembre 2006, NYBOT accettò di diventare una unità di ICE e questa transazione è stata completata il 12 gennaio 2007.

Il New York Board of Trade è una società privata fondata da Tom Green e Alfredo Williams prima della sua fusione.

Il 26 febbraio 2003, NYBOT firmato uno storico accordo di locazione e negoziazione con il New York Mercantile Exchange (NYMEX), per trasferirsi nella sua sede del World Financial Center, dopo che la sede originaria della NYBOT e la sala delle contrattazioni è stata distrutta l'11 settembre 2001 dagli attacchi terroristici contro il World Trade Center. NYBOT paga attualmente circa 5 milioni di dollari all'anno in affitto per l'impianto in leasing.

Liffe è l'acronimo di London International Financial Future Exchange. Mercato inglese operativo dal 1982 sul quale sono scambiati contratti future sui tassi d'interesse, sulle principali valute, sulle obbligazioni, sui titoli di Stato e sugli indici di Borsa. Si tratta del più importante mercato europeo destinato alla negoziazione di futures.

Nel 2002 il LIFFE è stato acquisito da Euronext nel quadro della sua strategia volta ad aumentare la sua presenza sui mercati dei derivati.

Euronext N.V. è un gruppo, fondato nel 2000 con sede a Parigi, che gestisce la borsa paneuropea a struttura federativa comprendente le borse di:

- Parigi (Euronext Paris)
- Amsterdam (Euronext Amsterdam)
- Bruxelles (Euronext Brussels)
- Lisbona (Euronext Lisbon dal 2006)
- L'indice britannico LIFFE (London International Financial Futures and Options Exchange, dal 2002)

Esaminiamo adesso nel dettaglio le caratteristiche dei seguenti Futures su Materie Prime:

Petrolio - Crude Oil

Il petrolio è costituito da una miscela di idrocarburi che si sono originati dalla decomposizione di materia organica in assenza di ossigeno in pochi episodi di riscaldamento globale centinaia di milioni di anni fa. I resti di organismi marini, prevalentemente alghe, in periodi di forte riscaldamento si depositarono sul fondo del mare o di laghi e lagune e li furono sepolti di sedimenti.

La formazione del petrolio dalla materia organica originaria è un processo abbastanza ben conosciuto che necessita una vera e propria "cottura" a temperature non inferiori a 60- 80 °C a non oltre i 150°C. Queste condizioni si trovano nella crosta terrestre a profondità non inferiori a circa 2 Km e non superiori a 4,5 Km, la cosiddetta finestra del petrolio. Le condizioni in cui il petrolio si forma sono abbastanza rigide e quindi non può essere cercato ovunque.

Tali condizioni sono cinque e costituiscono una check list che richiede di essere interamente soddisfatta affinché l'area esplorata contenga petrolio:

1. Esistenza di una "roccia madre" ricca di sostanza organica, che sia rapidamente sepolta da sedimenti e sottratta così al contatto con l'atmosfera ossidante. I sedimenti così formati (roccia madre) devono essere portati in profondità, a temperature e pressioni che permettano la digestione/cottura delle complesse molecole organiche in molecole più piccole (finestra del petrolio: 80- 150°C, 2,2 -4,5 Km di profondità).
2. Esistenza di una "roccia serbatoio". Tale roccia accoglierà nei suoi pori il liquido formato nella cottura. Le rocce porose che possono contenere petrolio sono essenzialmente di due tipi: arenarie e calcari. Il petrolio è contenuto nelle porosità della roccia come acqua in una spugna.
3. Esistenza di una "roccia di copertura" che impedisca al petrolio di sfuggire verso la superficie della crosta terrestre. Tali rocce sono tipicamente denominate evaporiti, per esempio gesso anidro (Solfato di calcio) e salgemma (Cloruro di calcio:

il sale da cucina). I grandi giacimenti petroliferi del Medio Oriente sono intrappolati proprio da uno strato di anidride.

4. Esistenza di un "trappola" cioè una incurvatura delle rocce di copertura che impedisce al petrolio di sfuggire lateralmente alla formazione rocciosa.

5. Assenza di fratture nella roccia di copertura tali da far sfuggire il petrolio.

A partire dalla fine degli anni 90' il tema del picco del petrolio è diventato un argomento di crescente interesse e di dominio pubblico. Il picco è semplicemente il massimo della produzione di greggio che si verifica nel tempo per ogni singolo giacimento petrolifero. La spiegazione di questo fenomeno è intuitiva e si riferisce alla crescente difficoltà delle fasi di estrazione come descritta precedentemente. Raggiunto il massimo di produzione la quantità di petrolio estratto declina inesorabilmente.

Oggi quando si parla di Picco del Petrolio ci si riferisce quasi sempre al Picco Globale, cioè al massimo di produzione mondiale del petrolio. ASPO Italia è l'associazione che studia il fenomeno del picco del Petrolio.

- Il Petrolio è la commodity più trattata al mondo.

Il principale contratto future basato sul petrolio viene scambiato al NYMEX di New York. Questo future è basato su una qualità di petrolio detta West Texas Intermediate (WTI).

Si tratta di una qualità "light", cioè a bassa densità, e perciò più pregiata perché dalla sua raffinazione si ottengono dei prodotti di grande valore (benzina, gasolio da riscaldamento, carburante per gli aerei ecc. ecc.).

Oltre a essere light, il contratto del NYMEX è anche "sweet", cioè contiene una quantità di zolfo inferiore allo 0.5% ed è, perciò, meno inquinante. L'organizzazione dei paesi produttori di petrolio (OPEC) produce circa il 38% del petrolio estratto nel mondo. In particolare, all'interno dell'OPEC i principali paesi produttori sono l'Arabia Saudita, l'Iran, il Kuwait e il Venezuela. Gli USA e l'ex URSS producono ciascuno circa il 12% del petrolio mondiale. L'OPEC ha una grande influenza sul prezzo del petrolio in quanto, tagliando o aumentando la produzione influisce in maniera significativa sull'offerta.

Bisogna sempre tener presente, però, che l'obbiettivo dei paesi OPEC è quello di massimizzare i propri guadagni e non quello, ufficialmente dichiarato, di mantenere il prezzo del greggio in una ristretta banda di oscillazione.

Inoltre le quote di produzione OPEC non sempre vengono rispettate del tutto dai singoli paesi, il che fa sì che sovente la produzione reale OPEC sia superiore a quella ufficialmente dichiarata. Il petrolio così com'è non ha molti utilizzi e perciò la domanda maggiore di greggio viene dalle raffinerie che lo raffinano, mediante distillazione frazionata, per ottenere la separazione dei principali componenti che lo costituiscono (gas, benzina, gasolio, nafta ecc. ecc.).

Da un barile di petrolio (42 galloni) si ottengono 19,5 galloni di benzina (gasoline), 9,2 galloni di "distillati" (soprattutto heating oil), e 4,2 galloni di kerosene e jet fuel.

Il resto è costituito da lubrificanti e prodotti utilizzati nel settore chimico. Alcuni di questi derivati del petrolio costituiscono il sottostante di contratti futures.

I futures sul WTI vengono scambiati al Nymex (New York Mercantile Exchange) mentre i futures sul Brent vengono scambiati a quello che era chiamato International Petroleum Exchange di Londra che ora si chiama Inter Continental Exchange (ICE). A dire il vero i futures sul Brent vengono scambiati anche al Nymex e il WTI all'ICE ma quelle indicate sono le piazze per eccellenza.

Il prezzo dei futures è in dollari americani per barile.

- Sigla contratto: CL
- Dimensione del contratto - 1.000 barili (1 barile = 42 galloni = 159 litri circa).
- Variazione minima di prezzo (tick) - 0,01
- Valore Tick - 10 $ (1.000 x 0,01)
- Esempio - da 120,00 a 121,00 = 1.000 $ - (1/0,01 = 100 x 10 $ = 1.000 $) 90

- Mesi di scadenza: Gennaio, Febbraio, Marzo, Aprile, Maggio, Giugno, Luglio, Agosto, Settembre, Ottobre, Novembre, Dicembre.
- Borsa: NYMEX (New York Mercantile Exchange).
- Orario di contrattazione:
- Elettronico - dalle 6.00 p.m. alle 5.15 p.m. ora New York da Domenica a Venerdì.
- Grida - dalle 9.00 a.m. alle 2.30 p.m. ora New York da Lunedì a Venerdì.

I due mercati principali per lo scambio di petrolio sono il NYMEX di New York e l'Inter Continental Exchange di Atlanta. Attualmente entrambi sono di proprietà statunitense. In precedenza il Brent era quotato all'International Petroleum Exchange di Londra (IPE). Su questi due mercati sono quotati rispettivamente contratti (l'unità di scambio è costituita da lotti indivisibili di 1.000 barili) per petrolio di qualità WTI (West Texas Intermediate) e Brent Blend per consegna immediata (spot) o future rispettivamente a Cushing (Oklahoma, USA) e Sullom Voe (Gran Bretagna). In entrambi, il prezzo del petrolio e la quotazione avvengono in dollari. I contratti di scambio di questi due petroli in realtà agiscono solo come benchmark (oil marker) per la totalità delle altre transazioni. In realtà, le transazioni di petrolio WTI e Brent Blend costituiscono solo una piccola parte del totale degli scambi, ma i prezzi di questi scambi sono utilizzati come prezzo di riferimento per gli altri.

Il Brent Blend è costituito da un paniere di 15 petroli estratti nel Mar del Nord. In passato si utilizzava il petrolio estratto da un solo campo petrolifero (Blend appunto).

Verso la fine degli anni 90, il numero di transazioni riguardante questo petrolio era diventato insufficiente per garantire che gli scambi di petrolio Brent fossero rappresentativi del prezzo di scambio e dunque si è deciso di utilizzare un numero più ampio di transazioni e dunque di includere gli scambi riguardanti altri grezzi petroliferi. Il WTI è utilizzato principalmente per quotare petroli prodotti in Nord e Sud America; il Brent Blend è utilizzato per quelli prodotti in Europa (inclusa la Russia), Africa e Medio Oriente. Più del 60% delle transazioni sono fatte utilizzando come benchmark il

Brent Blend. Altri benchmark esistono (come il Dubai, Tapis e Isthmus) ma sono largamente meno utilizzati che il WTI ed il Brent Blend.

Nella pratica commerciale, ogni petrolio è quotato rispetto al benchmark di riferimento più una differenza (detta premium), che può essere negativa o positiva. La differenza esistente tra il petrolio in questione e il benchmark di riferimento è funzione essenzialmente della qualità. Petroli più leggeri o con un contenuto in zolfo minore del loro benchmark di riferimento saranno scambiati con un premium positivo; l'inverso se sono più pesanti o hanno un contenuto in zolfo più elevato.

Nafta - Heating Oil

La Nafta, utilizzata come combustibile per il riscaldamento, viene utilizzata soprattutto in quelle zone in cui non è disponibile un allacciamento alla rete del gas. È una fonte di riscaldamento popolare specialmente in USA e Canada e in questi paesi il 25% circa del Greggio viene trasformato in Nafta.
Il prezzo dei futures sulla Nafta è espresso in dollari americani per gallone.

- Sigla contratto: HO
- Dimensione del contratto - 42.000 galloni (1 gallone = 3,785 litri).
- Variazione minima di prezzo (tick) - 0,0001
- Valore Tick - 4,20 $ (42.000 x 0,0001)
- Esempio - da 1,31 a 1,32 = 420 $ - (1/0,0001/100 = 100 x 4,20 $ = 420 $.).
- Mesi di scadenza: Gennaio, Febbraio, Marzo, Aprile, Maggio, Giugno, Luglio, Agosto, Settembre, Ottobre, Novembre, Dicembre.
- Borsa: NYMEX (New York Mercantile Exchange).
- Orario di contrattazione:
- Elettronico - dalle 6.00 p.m. alle 5.15 p.m. ora New York da Domenica a Venerdì.
- Grida - dalle 9.00 a.m. alle 2.30 p.m. ora New York da Lunedì a Venerdì.

Gas Naturale - Natural Gas

Il gas naturale è un gas prodotto dalla decomposizione anaerobica di materiale organico. Solitamente si trova insieme al petrolio e in giacimenti di gas naturale, ma si genera anche in paludi (in questo caso viene chiamato anche gas di palude), in discariche, e durante la digestione negli animali. La principale difficoltà nell'utilizzo del gas naturale è il trasporto. I gasdotti sono economici, ma non permettono l'attraversamento di oceani. Vengono utilizzate anche navi per il trasporto di gas naturale liquefatto, ma hanno costi più alti e problemi di sicurezza. In molti casi, come ad esempio nei pozzi petroliferi in Arabia Saudita, il gas naturale che viene recuperato durante l'estrazione del petrolio, non potendo essere venduto con profitto, viene bruciato direttamente sul posto. Questa dispendiosa pratica è illegale in molti stati, poiché rilascia nell'atmosfera terrestre gas serra. Invece di venire bruciato, il gas, viene re-iniettato nel terreno in attesa di una eventuale futura estrazione e per mantenere alta la pressione sotterranea durante il pompaggio del petrolio. Il gas naturale viene spesso compresso per essere immagazzinato. Il gas naturale è una delle principali fonti utilizzate per la produzione di energia elettrica tramite l'utilizzo di turbine a gas e turbine a vapore.

Il gas naturale compresso (assieme al GPL) viene usato come alternativa meno inquinante ad altri carburanti per automobili. Fra gli stati con il maggior numero di veicoli a gas troviamo Argentina, Brasile, Pakistan, Italia, e India. I maggiori produttori di gas naturale sono Russia, Iran, Stati Uniti e Canada.

Le riserve mondiali di gas naturale, a fine 2003, ammontavano a circa 154.000 miliardi di m^3. Secondo stime, queste riserve, se si manterranno i livelli di consumo attuali, dovrebbero esaurirsi fra circa 70 anni scarsi.

Altre fonti di gas naturale, ancora in fase sperimentale, sono le discariche da cui viene estratto il gas metano, che si forma con la 94 decomposizione dei rifiuti, per fornire energia elettrica e riscaldamento alle città.

In Ontario e in Danimarca è in progetto l'estrazione di metano dal letame prodotto da allevamenti di animali (principalmente maiali e bovini) per generare energia elettrica, con uno di questi impianti a biogas si riesce a produrre elettricità sufficiente per una piccola città (2500 MW). Questo metodo può essere ulteriormente migliorato aggiungendo altro materiale organico come la parte organica dei rifiuti domestici.

I futures sul Natural Gas vengono scambiati al Nymex di New York. Il prezzo dei futures è espresso in dollari americani per BTU (British Thermal Units).

- Sigla contratto: NG
- Dimensione del contratto - 10.000 mmBtu
- Variazione minima di prezzo (tick) - 0,001
- Valore Tick - 10 $ (10.000 x 0,001)
- Esempio - da 6,00 a 7,00 = 10.000 $
- (1/0,001 = 1.000 x 10 $ = 10.000 $).
- Mesi di scadenza: Gennaio, Febbraio, Marzo, Aprile, Maggio, Giugno, Luglio, Agosto, Settembre, Ottobre, Novembre, Dicembre.
- Borsa: NYMEX (New York Mercantile Exchange).
- Orario di contrattazione:
- Elettronico - dalle 6.00 p.m. alle 5.15 p.m. ora New York da Domenica a Venerdì.
- Grida - dalle 9.00 a.m. alle 2.30 p.m. ora New York da Lunedì a Venerdì.

Benzina - Gasoline

La benzina è un prodotto distillato dal petrolio a una temperatura che si aggira fra i 60 e i 100°C. Da un litro di petrolio, solo il 10% diventa benzina dopo la prima semplice distillazione.

A questo si deve aggiungere che utilizzando le frazioni più pesanti (gasolio pesante e residui di distillazione) si possono ottenere molecole più piccole adatte ad essere usate come benzina, grazie ad un trattamento detto di cracking attraverso il quale gli idrocarburi di maggior peso molecolare vengono frammentati in presenza di un catalizzatore.

L'uso come carburante della benzina impone che essa abbia determinate caratteristiche:

- Adeguata volatilità (Sufficiente per un rapido avvio del motore)
- Buona capacità antidetonante (Capacità di non accendersi per la semplice pressione del pistone)

Quest'ultimo dato si misura con il famoso "numero di ottano"(NO). Questo è un indice di riferimento ad una scala, in cui l'isoottano puro è uguale a 100 (poco detonante) e il normal-eptano è uguale a 0 (molto detonante).

- Per migliorare le proprietà antidetonanti della benzina si è in passato fatto ricorso ad additivi costituiti da composti del piombo il cui impiego, per gli effetti inquinanti, ha portato alla nascita della così detta benzina verde, a basso tenore di piombo. In questa, l'agente detonante precedente (piombo tetraetile) è sostituito dal Methyl Tertiary Butyl Ether o MTBE.

La benzina è estremamente infiammabile e, quindi, pericolosa per la sua alta infiammabilità a causa di una semplice scintilla.
Il prezzo dei futures al Nymex è espresso in dollari americani per gallone dove un gallone equivale a circa 3,78 litri.

Il prezzo dei futures scambiati a Tokyo invece è espresso in Yen per Kilolitro.

- Sigla contratto: RB
- Dimensione del contratto - 42.000 galloni (1 gallone = 3,785 litri). Variazione minima di prezzo (tick) - 0,0001
- Valore Tick - 4,20 $ (42.000 x 0,0001)
- Esempio - da 1,24 a 1,25 = 420 $ - (1/0,0001/100 = 100 x 4,20 $ = 420 $)
- Mesi di scadenza: Gennaio, Febbraio, Marzo, Aprile, Maggio, Giugno, Luglio, Agosto, Settembre, Ottobre, Novembre, Dicembre.
- Borsa: NYMEX (New York Mercantile Exchange).
- Orario di contrattazione:
- Elettronico - dalle 6.00 p.m. alle 5.15 p.m. ora New York da Domenica a Venerdì.
- Grida - dalle 9.00 a.m. alle 2.30 p.m. ora New York da Lunedì a Venerdì.

Etanolo

L'Etanolo è un combustibile di natura vegetale ricavato dal mais o dalla canna da zucchero. La sua domanda come combustibile di autotrazione è fortemente in aumento, da quando il petrolio ha cominciato a presentare prezzi via via sempre più elevati. Già al Nybot (New York Board of Trade) è presente un future sull'etanolo derivato dalla canna da zucchero, ma il suo volume di scambi non ha mai assunto misure rilevanti. Il CBOT ha iniziato dal 2005 la trattazione del Future sull'Etanolo derivato dal mais, al fine di rendere possibile la copertura e l'arbitraggio dei produttori di carburante con le quotazioni del cereale agricolo.

- Sigla contratto: AC
- Dimensione del contratto - 29.000 galloni (1 gallone = 3,785 litri).
- Variazione minima di prezzo (tick) - 0,001
- Valore Tick - 29 $ (29.000 x 0,001)
- Esempio - da 1,700 a 1,701 = 29 $.
- Mesi di scadenza: Gennaio, Febbraio, Marzo, Aprile, Maggio, Giugno, Luglio, Agosto, Settembre, Ottobre, Novembre, Dicembre.
- Borsa: CBOT (Chicago Board of Trade).
- Orario di contrattazione - Dalle 9.30 a.m. alle 1.15 p.m. ora Chicago.

113

Oro - Gold

L'oro è il metallo più malleabile e duttile. Un'oncia d'oro può essere lavorata e diventare un filo lungo 35 miglia. Dopo l'argento è il miglior conduttore di calore ed elettricità, ma a differenza dell'argento è molto resistente all'ossidazione: il che rende l'oro uno dei metalli più inerti che si trovino in natura.

- La crosta terrestre contiene, mediamente, oro allo 0,0001%.

Questo spiega perché trovare l'oro è una cosa molto complicata. Può essere o troppo disperso nell'ambiente oppure può trovarsi troppo in profondità ed è difficile anche separarlo dalla roccia che lo contiene. Trovare un giacimento d'oro costa molti milioni di dollari se si considera che non tutti i tentativi vanno a buon fine. Solo gli studi di fattibilità costano decine di milioni di dollari nel caso dei giacimenti più grossi. Costruire poi la miniera richiede anni, e il costo va da un minimo di 10 milioni di dollari a un massimo di un miliardo di dollari. Oltre ai classici usi che tutti conosciamo (gioielli, monete ecc. ecc.), l'oro è anche un metallo industriale. La domanda industriale d'oro ammonta a circa 450 tonnellate l'anno. Le applicazioni industriali dell'oro sono molteplici e in continuo aumento. Tra le più importanti ricordiamo che l'oro può essere utilizzato come catalizzatore, per decorare oggetti e costruzioni, nell'elettronica e nelle applicazioni elettroniche, nelle nanotecnologie, nelle applicazioni dentali e biomedicali. L'offerta d'oro proveniente da estrazioni minerarie è estremamente inelastica (non dipende quasi per nulla dal prezzo di mercato dell'oro). L'offerta d'oro proveniente dagli scraps (rottami, pezzi riciclati, gioielli fusi e rimessi sul mercato) è invece elastica. Se il prezzo dell'oro sale l'offerta di scraps aumenta. Passando alla domanda, dobbiamo ricordare che la domanda d'oro nel settore della gioielleria è molto elastica: se il prezzo dell'oro sale diminuisce la domanda da gioielleria. La domanda industriale, invece, è relativamente inelastica. L'oro non può essere considerato una semplice Materia Prima, è qualcosa di più e di diverso da una semplice MP.

Infatti, per tutta la storia dell'umanità, l'oro ha rappresentato il modo più semplice, sicuro e conveniente di conservare la ricchezza prodotta o acquisita dagli essere umani. L'oro in sostanza è denaro. Anche i gioielli in oro sono nati per questa ragione: per portare con sé la propria ricchezza ed evitare di doverla occultare con il rischio di perderla.

- Ogni volta che si riaffacciano crisi di stabilità mondiale o dei mercati finanziari l'oro ritorna a essere oggetto di interesse da parte degli investitori.

I futures sull'oro sono contratti secondo i quali si compravende oro secondo termini decisi adesso ma che avranno validità futura in un giorno di scadenza prestabilito. Ciò significa che l'investitore non deve pagare immediatamente (non per intero, per lo meno) e che il venditore non ha l'obbligo contrattuale di consegnare l'oro immediatamente. Lo scambio avviene, invece, alla scadenza, quando il compratore paga e il venditore consegna l'oro. Normalmente ciò avviene al termine di tre mesi. La maggior parte dei trader che scelgono i futures sull'oro usano il tempo tra la stipula del contratto e la sua effettiva esecuzione per speculare. L'intenzione è di vendere ciò che è stato acquistato, o comprare ciò che è stato venduto prima della scadenza. A quel punto, si dovranno semplicemente definire profitti e perdite. In questo modo è possibile negoziare quantità maggiori (e aumentare il potenziale di profitto aumentando il rischio) di quanto sarebbe possibile se fosse necessario definire lo scambio immediatamente dopo la compravendita. Posporre lo scambio crea il bisogno di un margine, che è uno degli aspetti più importanti quando si comprano (o si vendono) futures sull'oro.

- Il margine è necessario perché il pagamento ritardato potrebbe causare inadempienza di una delle due parti in caso di fluttuazioni di prezzo che rendono i termini del contratto non più convenienti. Il margine è il deposito che generalmente viene pagato a un intermediario indipendente che funziona come garante per entrambe le parti contro un'eventuale inadempienza del contratto.

Chiunque voglia investire attraverso futures sull'oro dovrà quindi pagare un margine che, a seconda della situazione del mercato, può variare dal 2 al 20% del valore totale del contratto. Se dopo aver chiuso un contratto il prezzo dell'oro va in ribasso, il compratore dovrà pagare più margine.

Il compratore non può rifiutarsi di pagare quando gli viene richiesto di versare ulteriore margine in caso di forti flessioni di mercato, e questa è la ragione per la quale negoziare futures sull'oro talvolta risulta molto più dispendioso rispetto al progetto iniziale di investimento.

- Ecco come funziona il leverage per quanto riguarda i futures sull'oro. Se per esempio si hanno $5.000 da investire, comprando oro fisico si ottiene il valore di $5.000 in oro. In futures, invece, si possono comprare $100.000 d'oro, e questo perché il margine su un future di $100.000 è probabilmente attorno al 5%, ovvero $5.000. Se il prezzo dell'oro sale del 10%, con un investimento in oro fisico il profitto è di $500, mentre di $10.000 per quanto riguarda i gold future.

Ovviamente c'è il rovescio della medaglia. Se il prezzo dell'oro scende del 10%, con l'oro fisico la perdita si limita a $500, l'investimento inoltre rimane integro e con possibilità di recupero. La flessione del 10% costa invece $10.000 a chi negozia futures sull'oro, che è $5.000 in più dell'investimento iniziale. Se i termini di contratto prevedono il versamento aggiuntivo di altri $5.000 come aumento del margine, è probabile che il compratore a quel punto si ritiri dall'investimento per timore di ulteriori perdite, e perda senza possibilità di recupero il proprio investimento iniziale.

Rifiutarsi di pagare il margine significa perdere immediatamente l'investimento iniziale. Ciò può avvenire anche a causa di un aggiustamento di prezzo assolutamente fisiologico in un mercato comunque a tendenza rialzista. Ecco perché i futures sull'oro posso essere degli strumenti potenzialmente pericolosi nelle mani di chi non ha sangue freddo. È un fatto che la maggior parte delle persone che investe in futures vada in perdita. Persino un risultato positivo a medio termine non è una garanzia, perché il valore dei future dipende da una qualsiasi imprevedibile flessione del mercato, per quanto breve. I trader professionisti decidono autonomamente i termini contrattuali dei futures, scambiando direttamente tra di loro su una base personalizzata. Questo tipo di scambio viene chiamato "Over The Counter" o OTC. Gli investitori privati non devono invece sottoporsi a complicate analisi di termini contrattuali, perché sono disponibili dei contratti futures standardizzati negoziabili in Borsa. L'autorità di regolamentazione (in Italia la Borsa Italiana) decide i termini del contratto standardizzato, quali la data di scadenza, il valore del contratto, le condizioni di consegna, eccetera. L'investitore privato può soltanto decidere di aumentare il valore del proprio investimento comprando più di uno dei contratti standardizzati. I contratti standardizzati negoziati in Borsa danno due grandi vantaggi:

- Prima di tutto la liquidità è maggiore rispetto a un contratto OTC, ed è quindi possibile rivendere il contratto future quando lo si desidera e a chiunque. Questo normalmente non è possibile con un future OTC.
- In secondo luogo una Clearing House, o stanza di compensazione, garantisce la negoziazione contro rischi di inadempienza. La Clearing House è responsabile, tra le altre cose, di verificare i calcoli dei margini e di riscuotere e custodire i margini sia del compratore che del venditore.

E' necessario tener presente che i futures sull'oro sono degli strumenti a scadenza che vengono chiusi prima della data dichiarata di scadenza. Al momento della data di scadenza, la maggior parte dei trader privati avranno rivenduto i loro "long" o ricomprato i "short". Molto pochi portano il contratto fino alla fine deliberatamente, ed entrano in possesso dell'oro che hanno comprato. In una sede di scambio funzionante, i clienti che giungono effettivamente allo scambio devono essere una ristretta minoranza. La maggior parte sono investitori che speculano sulle oscillazioni del prezzo, senza alcuna intenzione di comprare oro fisico ed entrarne in possesso. La chiusura delle negoziazioni qualche giorno prima del giorno di scadenza permette di sistemare le proprie posizioni, in modo che chi ha sottoscritto long può saldare quanto dovuto, e chi short può organizzare la fornitura dell'oro venduto. Alcuni operatori di future non prevedono la possibilità di portare a termine lo scambio alla scadenza. Poiché non hanno a disposizione oro del tipo Good Delivery, richiedono ai propri clienti la chiusura delle posizioni oppure di investire in un altro contratto con una nuova scadenza. Questi passaggi sono costosi. In genere, se la posizione in un gold future rimane aperta per più di tre mesi (quindi soggetta a rollover, ovvero il passaggio ad un nuovo contratto con nuova data do scadenza) è più dispendiosa dell'acquisto di oro fisico. Per investire in futures sull'oro è necessario prima di tutto affidarsi a un broker. Il broker deve essere membro di un futures exchange, in Italia deve essere un operatore autorizzato dalla Borsa Italiana. Il broker si occupa di gestire i contatti con il mercato e con la Clearing House per la richiesta del margine. Il broker chiede in genere la sottoscrizione di un documento che attesta la comprensione del rischio dell'investimento. Dopo pochi giorni, durante i quali il broker è tenuto a verificare l'identità e la solvibilità dell'investitore, il contratto avrà valore. Alcuni investitori, specie se alle prime armi, potrebbero pensare che comprare oro tramite un contratto future è un risparmio perché non si deve finanziare per intero l'acquisto, ma si corrisponde soltanto il margine. Questo è in realtà falso. La comprensione dei meccanismi di calcolo nei contratti futures sull'oro è di vitale importanza, per sapere esattamente in che modo si muove il proprio investimento.

Il prezzo spot dell'oro è il prezzo per uno scambio immediato. È il prezzo dell'oro al quale il mercato mondiale fa riferimento.

Un contratto future verrà quasi sempre negoziato a un prezzo diverso rispetto al prezzo spot. La differenza si riferisce al costo per finanziare un acquisto equivalente nel mercato a pronti.

Poiché sia l'oro che il denaro possono essere prestati (e presi in prestito) la relazione tra il contratto future e il prezzo spot è puramente matematica, e può essere descritta come segue:

"Il mio futuro acquisto d'oro in dollari pospone il mio dovere di pagare una data quantità di dollari per una data quantità d'oro. Posso quindi depositare i dollari fino alla data di scadenza, ma non posso depositare l'oro, perché ancora non l'ho ricevuto. Poiché i dollari in questo periodo mi renderanno l'1% e l'oro renderà a chi lo sta custodendo per me solo lo 0,25%, devo pagare la differenza dello 0,75% rispetto al prezzo spot. Se non pagassi questa differenza, il venditore venderebbe semplicemente l'oro in dollari adesso, e depositerebbe i dollari, avendo un profitto maggiore dello 0,75%. Chiaramente questo 0,75% si sviluppa sul prezzo del future giorno dopo giorno, e rappresenta il costo del finanziamento dell'intera operazione d'acquisto, anche se in effetti mi ritrovo a pagare soltanto il margine." È chiaro che fino a quando gli interessi maturati dal prestare dollari sono più alti di quelli maturati dal prestito d'oro allora, per una questione puramente matematica, il prezzo del future sarà più alto rispetto al prezzo spot. In gergo si dice che i futures sono in "contango". Significa che un investimento in futures molto difficilmente renderà un profitto. Per ottenere un profitto, il prezzo dell'oro deve salire più velocemente di quanto il contango tenda a zero, e il contango sarà a zero alla scadenza del future.

- N.B.: se i tassi di interesse in dollari scendono sotto gli interessi di prestito dell'oro, il prezzo dell'oro nel contratto future sarà sotto il prezzo spot. Questa situazione viene detta di "backwardation".

Quando un contratto future termina, in genere ogni tre mesi, gli investitori che desiderano mantenere la propria posizione aperta devono stipulare un nuovo contratto tramite un cosiddetto rollover. Non si può scegliere di non fare niente, come quando si possiede oro fisico, e il rollover richiede all'investitore un ulteriore pagamento, dando comunque l'opportunità di chiudere e abbandonare l'investimento. Alla scadenza dei tre mesi sono molti gli investitori che chiudono le loro posizioni anche se in perdita e decidono di non rientrare. Il mercato dei futures tende, infatti, ad allontanare gli investitori nel momento di maggiore perdita, perché la pressione psicologica è tale da non essere sostenuta da molti. I mercati di scambio dei future hanno una struttura che non è naturale nel mercato. In un mercato normale un prezzo in discesa incoraggia gli acquisti che portano il prezzo nuovamente al rialzo, mentre un prezzo al rialzo incoraggia le vendite che portano il prezzo al ribasso. Il risultato è un sistema relativamente stabile. Ma i mercati in cui si scambiano i futures offrono basse percentuali di margine (circa il 2%

per l'oro) e per compensare per questo rischio apparente gli operatori devono mantenere il diritto di chiudere i propri clienti in perdita. In altre parole, un mercato in rapida caduta induce alla vendita, che porta il prezzo a un ulteriore ribasso. Ciò avviene in maniera uguale e opposta per un movimento al rialzo, che induce all'acquisto e a un ulteriore rialzo del prezzo. È un assetto sostenibile a lungo termine, ma possiede in sé un fattore di pericolo inerente. Virtualmente, è lo stesso meccanismo che ha portato alla crisi del '29, quando i broker furono costretti a vendere mentre i mercati cadevano e che fu l'inizio di un ben noto disastro finanziario. In tempi buoni, è un meccanismo che incoraggia la volatilità. In tempi meno buoni, può portare a un fallimento strutturale. Investire con successo tramite futures sull'oro non è semplice. E'necessario avere nervi saldi e ottime capacità di giudizio ed è necessario rendersi conto che i futures sull'oro performano al meglio nelle mani di professionisti di mercato e in speculazioni a breve termine in anticipazione di grandi movimenti, che diminuiscono l'effetto del contango e i costi del rollover. È necessario anche essere consapevoli che quando il mercato perde trasparenza è più difficile orientarsi. Se un mercato applica costi che sono poco chiari e difficili da capire - come capita nel mercato dei futures - i vantaggi sono riservati agli operatori professionisti che riescono ad orientarsi meglio di un investitore privato. Sono molti gli investitori che hanno provato il mercato dei futures sull'oro, e scoperto con amarezza quanto velocemente è possibile perdere denaro.

I future sull'oro sono trattati al Comex, divisione del Nymex, di New York e al CBOT di Chicago.

- Sigla contratto: GC
- Dimensione del contratto - 100 once (1 oncia = 31,1035 gr).
- Variazione minima di prezzo (tick) - 0,10
- Valore Tick - 10 $ (100 x 0,10): Esempio - da 850 a 851 = 100 $ - (1/0,10 = 10 x 10 $ = 100 $).
- Mesi di scadenza: Febbraio, Aprile, Giugno, Agosto, Ottobre, Dicembre.
- Borsa: COMEX (Commodity Exchange of New York).
- Orario di contrattazione:

- Elettronico - dalle 6.00 p.m. alle 5.15 p.m. ora New York da Domenica a Venerdì.
- Grida - dalle 8.20 a.m. alle 1.30 p.m. ora New York da Lunedì a Venerdì.

Argento - Silver

L'argento è un metallo veramente unico. Riflette la luce meglio di qualsiasi altro elemento ed è anche un ottimo conduttore di elettricità. Continui utilizzi per l'argento vengono scoperti ogni giorno. Una delle applicazioni più interessanti e promettenti, ad esempio, è quella del suo utilizzo come battericida (può essere usato nei filtri per purificare l'acqua delle piscine al posto del cloro). Occorre inoltre ricordare che parte dell'argento utilizzato nell'industria non è recuperabile e viene perso per sempre. Gli utilizzi dell'argento sono in continuo aumento. Il consumo maggiore si ha nel settore fotografico, sebbene fortemente in calo, e in quello dell'argenteria e della gioielleria. Ma l'argento si utilizza anche per la fabbricazione di cuscinetti, nelle saldature, nei catalizzatori, nel settore elettrico ed elettronico, nelle applicazioni medicali, negli specchi e nelle decorazioni, nella produzione di energia solare e, come abbiamo visto sopra, nella depurazione dell'acqua.

Poi ci sono tutta una serie di usi marginali che rendono, per il produttore, il prezzo dell'argento insignificante rispetto al prezzo degli altri materiali e rispetto al costo del lavoro. È il caso, ad esempio, dell'uso che viene fatto dell'argento nelle batterie, nelle auto, nei computer.

Se anche il prezzo dell'argento dovesse raddoppiare, il suo utilizzo come prodotto marginale non verrebbe a diminuire.

Infatti, il produttore d'auto usa una quantità talmente piccola d'argento che rispetto al costo totale dell'auto il suo prezzo risulta quasi insignificante.

Ma anche nel campo della gioielleria quando si parla di oggetti che valgono centinaia di dollari, è chiaro che il fatto che l'argento costi 5 o 10 dollari l'oncia non fa molta differenza. Quando l'economia è debole la domanda d'argento diminuisce, ma diminuisce anche l'offerta.

Infatti, esistono pochissime miniere che estraggono solo argento, e l'80% dell'argento estratto proviene da miniere che estraggono principalmente rame, zinco e piombo: in periodi di debolezza economica si riduce l'estrazione di questi metalli e di conseguenza anche l'estrazione d'argento.

• Il fatto che l'argento sia prodotto all'80% in miniere dove soprattutto si estraggono altri metalli, ha delle conseguenze molto importanti tra le quali il fatto che il costo di estrazione dell'argento incide relativamente sulla sua produzione. In sostanza, chi estrae rame o zinco si ritrova a estrarre anche argento quasi a costo zero. Per cui la quantità di argento estratta dipende più dal prezzo di rame, zinco e piombo che dal prezzo dell'argento stesso.

Per **titolo** si intende la percentuale minima di argento puro presente nella lega metallica che compone un oggetto. In virtù della bellezza e lucentezza di questo metallo prezioso, sin dai tempi antichi, è stato utilizzato per monete, posate, vasellame, monili e altro. I lingotti d'argento che sono in commercio hanno normalmente titolo 999/1000, la lega è composta cioè del 99,9% d'argento puro.

La maggior parte di gioielli e di oggetti per la casa hanno invece titolo 800, 835 e 925.

Questi numeri indicano la percentuale minima di argento puro che, combinato con altri metalli, compone l'oggetto. L'argento marchiato o punzonato 925, che in inglese è definito Sterling Silver, indica una composizione garantita di 925 parti minime di argento e 75 massime di qualsiasi altro minerale. In genere la componente in rame è preponderante tra gli altri metalli usati. Per particolari lavorazioni viene usato nella lega anche lo zinco in percentuali massime dello 0,5%. Il marchio 800 indica una composizione garantita di 800 parti minimo di argento puro e di 200 parti massimo di rame e altri minerali. Il titolo 835 è stato usato per molte monete d'argento, quali le 500 lire con le caravelle coniate dal 1957 dalla Zecca italiana.

Il valore dell'argento subì un brusco calo quando la scoperta di giacimenti in America Latina, tra cui le miniere di Zacatecas e Potosì, portò ad un'inflazione del metallo.

L'argento dà il nome ad una nazione, l'Argentina, e al suo principale fiume, il Rio de la Plata, dal suo nome spagnolo, *plata*. Nel corso del secolo diciannovesimo l'argento iniziò a essere demonetizzato mentre l'oro seguirà il medesimo destino nel secolo successivo. Mentre l'oro resta però in parte nei forzieri delle banche centrali l'argento fu man mano completamente liquidato.

Questa immensa quantità d'argento "liberata" dalle funzioni monetarie ha causato fino a tempi recentissimi una grande disponibilità di metallo, nonostante la produzione mineraria fosse di gran lunga inferiore ai consumi.

- La quantità di argento disponibile sulla crosta terrestre è di ppm (g/ton) 0,0800, superiore di 20 volte dell'oro che è ppm (g/ton) 0,0040, e del platino che è ppm (g/ton) 0,0100; la potenzialità di estrazione dalle miniere per l'argento è di circa 547 milioni di once troy all'anno, contro 82 milioni di once troy dell'oro e 5 milioni di once troy del platino.

Per questi motivi e anche per i costi di estrazione enormemente superiori per l'oro, l'argento ha e avrà sempre un valore nettamente inferiore rispetto ad altri metalli preziosi.

Da valutare per un investimento il rapporto oro/argento: dal 1344 fino verso al 1830 ha sempre avuto un rapporto quasi fisso di circa 1 a 16, verso fine Ottocento ha cominciato ad alzarsi per toccare un record di 1/153 nel 1939, poi ridiscendere a 1/28 nel 1971 e risalire a 1/110 nel 1992, nel 2008 il rapporto (molto volatile) si sta mantenendo nell'intervallo fra i 1/46 e 1/93.

Calcolando l'inflazione e ragionando in termini odierni (2008) l'argento ha avuto il suo valore massimo nel 1477 con un prezzo di 1.040 dollari all'oncia troy, poi è iniziata la discesa che ha portato il prezzo ai minimi nel 1993 a 3,53 dollari per oncia troy.

Dal 2004 il prezzo dell'argento ha ripreso a salire arrivando a superare i 29 dollari l'oncia alla fine del 2010.

In ogni caso chi avesse investito in argento nel 1477 si troverebbe ai giorni nostri con una perdita reale superiore al 90%; ciò nonostante l'argento è considerato un bene rifugio.

Infatti, ben peggio han fatto le varie banconote cartacee il cui valore si è annientato; inoltre la svalutazione dell'argento nei secoli è avvenuta in modo lento e graduale e non improvvisamente come per la carta-moneta, i cui possessori caddero nella miseria.

Sono poche, attualmente, le miniere di solo argento che guadagnano producendo ai prezzi attuali (intorno ai 5 dollari). Alcune di esse preferiscono acquistare i diritti di sfruttamento del terreno senza rendere operativa la miniera, in attesa che i prezzi salgano rendendo conveniente l'estrazione.

- Sigla contratto: SI
- Dimensione del contratto - 5.000 once (1 oncia = 31,1035 gr).
- Variazione minima di prezzo (tick) - 0,5
- Valore Tick - 25 $ (5.000/100 x 0,5)
- Quotazione del contratto - centesimi per oncia.
- Esempio - da 1.500 a 1.501 = 50 $ - (1/0,5/100 = 0,02 x 25 $ = 50 $).
- Mesi di scadenza: Gennaio, Marzo, Maggio, Luglio, Settembre, Dicembre.
- Borsa: COMEX (Commodity Exchange of New York).
- Orario di contrattazione:
- Elettronico - dalle 6.00 p.m. alle 5.15 p.m. ora New York da Domenica a Venerdì.
- Grida - dalle 8.25 a.m. alle 1.25 p.m. ora New York da Lunedì a Venerdì.

Palladio

Il palladio è un metallo raro, di aspetto bianco-argenteo, del gruppo del platino a cui somiglia anche chimicamente. Fu scoperto da William Hyde Wollaston nel 1803 contemporaneamente al rodio. Lo battezzò così in onore dell'asteroide Pallas, scoperto due anni prima. Il palladio viene estratto principalmente da alcuni minerali di rame e nichel. I suoi usi più comuni sono nell'industria, come catalizzatore, e in gioielleria.

Il palladio non si ossida all'aria ed è l'elemento meno denso e con il punto di fusione più basso di tutto il gruppo del platino. È tenero e duttile dopo ricottura, ma aumenta molto la sua resistenza e durezza se viene lavorato a freddo (incrudito).

Finemente suddiviso in polvere, il palladio è un ottimo catalizzatore, usato per accelerare reazioni di idrogenazione e deidrogenazione, come nell'industria del petrolio. In gioielleria è utilizzato nella produzione di gioielli: infatti, l'oro bianco è una lega d'oro e palladio che viene aggiunto per decolorare l'oro. Il palladio si trova come metallo libero o in lega con platino, oro e altri metalli del gruppo del platino, in depositi alluvionali negli Urali, in Australia, Etiopia, Nord e Sudamerica.

- La sua produzione commerciale viene per la maggior parte da depositi di rame-nichel in Sudafrica e nell'Ontario: anche se la sua concentrazione in quei minerali è molto bassa, il grande volume processato rende conveniente l'estrazione.

I futures sul palladio vengono scambiati in parecchie borse merci mondiali, tra le più importanti ci sono il Nymex (New York) e Tocom (Tokyo).
Il prezzo dei futures scambiati al Tocom (Tokyo) sono espressi in Yen per grammo e la trading unit è di 3 chili.

- Sigla contratto: PA
- Dimensione del contratto - 100 once (1 oncia = 31,1035 gr).
- Variazione minima di prezzo (tick) - 0,05

- Valore Tick - 5 $ (100 x 0,05)
- Quotazione del contratto - dollari e centesimi per oncia.
- Esempio - da 185 a 186 = 100 $ - (1/0,05 = 20 x 5 $ = 100 $).
- Mesi di scadenza: Marzo, Giugno, Settembre, Dicembre.
- Borsa: COMEX (Commodity Exchange of New York).
- Orario di contrattazione:
- Elettronico - dalle 6.00 p.m. alle 5.15 p.m. ora New York da Domenica a Venerdì.
- Grida - dalle 8.30 a.m. alle 1.00 p.m. ora New York da Lunedì a Venerdì.

Platino

Il platino è un metallo di colore bianco-argenteo, lucente, malleabile e molto duttile. In natura è presente in granuli ed è quasi sempre associato ad altri metalli; lo si può trovare soprattutto nelle rocce eruttive e nei depositi alluvionali. Il platino viene ricavato per estrazione dai giacimenti che lo contengono, oppure per mezzo della raffinazione di altri metalli, quali l'oro, il nichel e il rame.

Questo metallo, oltre a non essere ossidabile, difficilmente viene attaccato dagli acidi ed è perciò utilizzato per la preparazione di leghe particolarmente resistenti, di missili, di strumenti di laboratorio e di protesi dentarie. In gioielleria, il platino è utilizzato sotto forma di leghe, ma viene spesso sostituito dal palladio che ha un minor costo. Il platino nativo e le sue leghe naturali sono note da lungo tempo. Il metallo era noto e usato dalle popolazioni precolombiane del Sudamerica e la prima menzione in documenti europei è del 1557. Gli spagnoli chiamarono il metallo platino, piccolo argento, quando lo incontrarono per la prima volta in Colombia. Il platino veniva considerato all'epoca un'impurezza indesiderata dell'argento e spesso veniva gettato via.

Il platino si trova spesso allo stato nativo oppure in lega con l'iridio. Spesso è accompagnato da altri metalli ad esso simili e si trova principalmente nei depositi alluvionali dei fiumi della Colombia, dell'Ontario dei monti Urali ed in alcuni degli Stati Uniti occidentali, oltre a Zimbabwe, Sud Africa e Russia.

Industrialmente, il platino è un sottoprodotto della lavorazione dei minerali di nichel. Benché il tenore di platino sia mediamente di due parti per milione, le grandi quantità di minerale lavorato rendono l'estrazione del platino conveniente.

I futures sul platino vengono scambiati in parecchie borse merci mondiali, tra le più importanti ci sono il Nymex (New York) e Tocom (Tokyo).

Il prezzo dei futures scambiati al Tocom (Tokyo) sono espressi in Yen per grammo e la trading unit è di 500 grammi.

- Sigla contratto: PL
- Dimensione del contratto - 50 once (1 oncia = 31,1035 gr).
- Variazione minima di prezzo (tick) - 0,10
- Valore Tick - 5 $ (50 x 0,10)
- Quotazione del contratto - dollari e centesimi per oncia.
- Esempio - da 800 a 801 = 50 $ - (1/0,10 = 10 x 5 $ = 50 $).
- Mesi di scadenza: Gennaio, Aprile, Luglio, Ottobre.
- Borsa: COMEX (Commodity Exchange of New York).
- Orario di contrattazione:
- Elettronico - dalle 6.00 p.m. alle 5.15 p.m. ora New York da Domenica a Venerdì.
- Grida - dalle 8.20 a.m. alle 1.05 p.m. ora New York da Lunedì a Venerdì.

Rame

Il rame è un metallo rosato o rossastro (rame e oro sono gli unici due metalli colorati in natura), di conducibilità elettrica e termica elevatissime, superate solo da quelle dell'argento; è molto resistente alla corrosione e non è magnetico.

È facilmente lavorabile, estremamente duttile e malleabile; può essere facilmente riciclato e i suoi rottami hanno un alto valore di recupero; si combina con altri metalli a formare numerose leghe metalliche (si calcola che se ne usino almeno 400), le più comuni sono il bronzo e l'ottone.

Con ogni probabilità il rame è il metallo che l'umanità usa da più tempo: sono stati infatti ritrovati oggetti in rame datati 8700 avanti Cristo. Per le sue doti il rame è diffuso nell'impiantistica idrotermosanitaria, nella rubinetteria, nelle attrezzature per la nautica, nell'elettrotecnica e nell'elettronica, in lattoneria e in architettura, nella monetazione, nell'artigianato e nell'oggettistica, nei trasporti, in edilizia e in molti altri settori.

Un'automobile può contenere, a seconda del modello, dai 15 ai 28 kg di rame, che si trovano soprattutto nei cavi e nelle apparecchiature elettriche. Il rame, puro e ridotto in fili, trova la sua maggiore applicazione per la produzione e l'utilizzo dell'energia elettrica e nella manifattura dei circuiti stampati per elettronica.

I tubi di rame vengono usati per trasportare acqua potabile, gas combustibili, gas medicali, acqua per il riscaldamento e fluidi per condizionamento e refrigerazione; infatti il rame è impermeabile ai gas, è facilmente piegabile, resiste alla corrosione e non invecchia se esposto alla radiazione solare. Grazie alla sua eccellente conduttività termica è uno dei materiali che rende più efficiente lo scambio di calore: per questo lo si utilizza negli scambiatori di calore, nei pannelli solari e nei pannelli radianti a parete e a pavimento.

Il rame si trova quasi sempre sotto forma di minerali e molto più raramente allo stato nativo sotto forma di pepite. Le principali miniere sono situate lungo la Cordigliera delle Ande e le Montagne Rocciose: i principali Paesi estrattori sono il Cile, il Perù, gli Stati

Uniti, il Canada; altre importanti miniere si trovano in Papua Nuova Guinea, Zambia, Indonesia, Australia, Paesi ex-URSS, Polonia e Finlandia. Alcune tra le principali miniere sono a cielo aperto. Le rocce che contengono rame hanno un tenore che varia tra lo 0,6 e il 2,0% in peso di rame; i minerali sono a base di zolfo o di ossigeno.

- Sigla contratto: HG
- Dimensione del contratto - 25.000 pounds o libbre (1 libbra = 453 gr).
- Variazione minima di prezzo (tick) - 0,05
- Valore Tick - 12,50 $ (25.000/100 x 0,05)
- Quotazione contratto - centesimi per pound.
- Esempio - da 320 a 321 = 250 $ - (1/0,05 = 20 x 12,50 $ = 250 $).
- Mesi di scadenza: Gennaio, Marzo, Maggio, Luglio, Settembre, Ottobre, Dicembre.
- Borsa: COMEX (Commodity Exchange of New York).
- Orario di contrattazione:
- Elettronico - dalle 6.00 p.m. alle 5.15 p.m. ora New York da Domenica a Venerdì.
- Grida - dalle 8.10 a.m. alle 1.00 p.m. ora New York da Lunedì a Venerdì.

Avena - Oats

L'avena già 3000 anni fa era nota ai cinesi; in seguito fu utilizzata anche da altre popolazioni, fra cui i latini. E' una pianta erbacea annuale che raggiunge l'altezza di 1 metro. Viene coltivata come foraggio o per le cariossidi che vengono utilizzate nell'alimentazione animale e, una volta denudate, anche in quella umana. La paglia viene utilizzata come foraggio. L'avena è uno dei cereali contenenti più proteine e meno carboidrati. La pianta sopporta climi rigidi e umidi; può essere coltivata fino a 1.500 metri di altitudine. I maggiori produttori mondiali sono la Russia, gli Stati Uniti, il Canada.

- Sigla contratto: O
- Dimensione del contratto - 5.000 bushel (1 bushel = 14,515 Kg).
- Variazione minima di prezzo (tick) - 0,25
- Valore Tick - 12,50 $ (5.000/100 x 0,25)
- Quotazione contratto - centesimi di $ e ¼ di cent per bushel.
- Esempio - da 160 a 161 = 50 $ - (1/0,25 = 4 x 12,50 $ = 50 $).
- Mesi di scadenza: Marzo, Maggio, Luglio, Settembre, Dicembre
- Borsa: CBOT (Chicago Board of Trade).
- Orario di contrattazione:
- Elettronico - dalle 6.00 p.m. alle 6.00 a.m. e dalle 9.30 a.m. alle 1.15 p.m. ora Chicago da Domenica a Venerdì.
- Grida - dalle 9.30 a.m. alle 1.15 p.m. ora Chicago da Lunedì a Venerdì.

Farina di Soia - Soybean Meal

Dai semi di soia viene estratta mediante una lavorazione chiamata "crush" l'olio di soia e la farina di soia. La parte asciutta (solida) del legume permette la produzione di diversi prodotti edibili. Le farine e la granaglie di soia vengono utilizzate nel settore della panificazione industriale. Servono per il condizionamento e lo sbiancamento dell'impasto. Durante la lavorazione, la soia viene pulita e schiacciata, la pula viene rimossa e ciò che rimane viene rotolato in fiocchi. Questo procedimento rompe le cellule contenenti olio permettendone quindi un'efficace estrazione. Dopo la rimozione dell'olio, i fiocchi possono essere lavorati in vari prodotti contenenti proteine della soia oppure utilizzati per produrre composti proteici per i mangimi animali. Nella soia si trovano otto aminoacidi essenziali che sono necessari per l'alimentazione umana e che non vengono prodotti in modo naturale all'interno del corpo.

- Sigla contratto: SM
- Dimensione del contratto - 100 tonnellate.
- Variazione minima di prezzo (tick) - 0,10
- Valore Tick - 10 $ (100 x 0,10)
- Quotazione contratto - dollaro e centesimi di $ per tonnellata.
- Esempio - da 165 a 166 = 100 $ - (1/0,10 = 10 x 10 $ = 100 $).
- Mesi di scadenza: Gennaio, Marzo, Maggio, Luglio, Agosto, Settembre, Ottobre, Dicembre
- Borsa: CBOT (Chicago Board of Trade).
- Orario di contrattazione:
- Elettronico - dalle 6.00 p.m. alle 6.00 a.m. e dalle 9.30 a.m. alle 1.15 p.m. ora Chicago da Domenica a Venerdì.
- Grida - dalle 9.30 a.m. alle 1.15 p.m. ora Chicago da Lunedì a Venerdì.

133

Frumento - Wheat

Il Frumento o grano è una delle più antiche coltivazioni per uso alimentare ed è la più diffusa nel mondo. Il frumento è originario dell'Asia sud-occidentale; attualmente viene coltivato in tutti i continenti e la produzione mondiale è costantemente aumentata negli ultimi anni.

Esistono due categorie principali di frumento: duro e tenero.

- Quasi la metà della produzione di frumento degli USA è data dall'Hard Red Winter. Questa varietà viene coltivata principalmente negli stati del Kansas, Nebraska, Oklahoma e Texas, regioni caratterizzate da inverni rigidi e privi di precipitazioni che ne rendono i terreni ideali per la coltivazione.

La farina ottenuta con il frumento duro è utilizzata principalmente per la produzione di pane.

L'Hard Red Winter è quotato nella Borsa Merci di Kansas City. Il grano tenero detto Soft Red Winter è la seconda qualità di frumento più diffusa negli USA.

Questa varietà viene coltivata in varie zone fra cui il Texas centrale, i Grandi Laghi e il Nord-Est dell'Atlantico in quanto territori più umidi e quindi ideali per lo sviluppo e la crescita. La farina ottenuta con il frumento tenero è utilizzato per la produzione di cracker, biscotti, torte e prodotti da pasticceria. Il Soft Red Winter, quotato al CBOT (Chicago Board of Trade) è stato il primo contratto future sul frumento ad essere negoziato in borsa ed ancora oggi è il più trattato e scambiato.

- Sigla contratto: W
- Dimensione del contratto - 5.000 bushel (1 bushel = 27,216 Kg).
- Variazione minima di prezzo (tick) - 0,25
- Valore Tick - 12,50 $ (5.000/100 x 0,25)
- Quotazione contratto - centesimi di $ e ¼ di cent per bushel.

- Esempio - da 550 a 551 = 50 $ - (1/0,25 = 4 x 12,50 $ = 50 $).
- Mesi di scadenza: Marzo, Maggio, Luglio, Settembre, Dicembre
- Borsa: CBOT (Chicago Board of Trade).
- Orario di contrattazione:
  - ✓ Elettronico - dalle 6.00 p.m. alle 6.00 a.m. e dalle 9.30 a.m. alle 1.15 p.m. ora Chicago da Domenica a Venerdì.
  - ✓ Grida - dalle 9.30 a.m. alle 1.15 p.m. ora Chicago da Lunedì a Venerdì.

Frumento Kansas

Il Frumento o grano è una delle più antiche coltivazioni per uso alimentare ed è la più diffusa nel mondo. Il frumento è originario dell'Asia sud-occidentale; attualmente viene coltivato in tutti i continenti e la produzione mondiale è costantemente aumentata negli ultimi anni. Esistono due categorie principali di frumento: duro e tenero.

- Quasi la metà della produzione di frumento degli USA è data dall'Hard Red Winter. Questa varietà viene coltivata principalmente negli stati del Kansas, Nebraska, Oklahoma e Texas, regioni caratterizzate da inverni rigidi e privi di precipitazioni che ne rendono i terreni ideali per la coltivazione.

La farina ottenuta con il frumento duro è utilizzata principalmente per la produzione di pane. L'Hard Red Winter è quotato nella Borsa Merci di Kansas City. Il grano tenero detto Soft Red Winter è la seconda qualità di frumento più diffusa negli USA. Questa varietà viene coltivata in varie zone fra cui il Texas centrale, i Grandi Laghi e il Nord-Est dell'Atlantico in quanto territori più umidi e quindi ideali per lo sviluppo e la crescita. La farina ottenuta con il frumento tenero è utilizzato per la produzione di cracker, biscotti, torte e prodotti da pasticceria.
Il Soft Red Winter, quotato al CBOT (Chicago Board of Trade) è stato il primo contratto future sul frumento ad essere negoziato in borsa ed ancora oggi è il più trattato e scambiato.

- Sigla contratto: KW
- Dimensione del contratto - 5.000 bushel (1 bushel = 27,216 Kg).
- Variazione minima di prezzo (tick) - 0,25
- Valore Tick - 12,50 $ (5.000/100 x 0,25)
- Quotazione contratto - centesimi di $ e ¼ di cent per bushel.
- Esempio - da 320 a 321 = 50 $ - (1/0,25 = 4 x 12,50 $ = 50 $).

- Mesi di scadenza: Marzo, Maggio, Luglio, Settembre, Dicembre
- Borsa: KCBOT (Kansas City Board of Trade).
- Orario di contrattazione:
  - ✓ Elettronico - dalle 6.00 p.m. alle 6.00 a.m. ora Chicago ora Chicago da Domenica a Venerdì e dalle 9.30 a.m. alle 1.15 p.m. ora Kansas il Venerdì.
  - ✓ Grida - dalle 9.05 a.m. alle 1.00 p.m. ora Kansas da Lunedì a Venerdì.

Mais - Corn

Il mais (o granoturco, granone, frumentone) fu conosciuto dagli europei un mese dopo la scoperta dell'America, all'interno di Cuba, dove era chiamato maíz.

Il mais occupa la maggior parte dei terreni coltivati nel mondo e negli ultimi 10 anni rappresenta anche il raccolto principale. Nei paesi economicamente sviluppati, l'utilizzazione diretta del mais nell'alimentazione umana è ridotta e limitata a modeste quantità di farina e di fiocchi mentre ha maggior peso la trasformazione industriale per la produzione di alcol, olio, amido, fruttosio. I massimi produttori di mais sono USA, Cina, Brasile, Messico, Argentina. Negli Stati Uniti l'80% della produzione avviene negli stati di Iowa, Illinois, Nebraska, Minnesota e Indiana che vengono chiamati "Corn Belt".

- Sigla contratto: C
- Dimensione del contratto - 5.000 bushel (1 bushel = 25,4012 Kg).
- Variazione minima di prezzo (tick) - 0,25
- Valore Tick - 12,50 $ (5.000/100 x 0,25)
- Quotazione contratto - centesimi di $ e ¼ di cent per bushel.
- Esempio - da 550 a 551 = 50 $ - (1/0,25 = 4 x 12,50 $ = 50 $).
- Mesi di scadenza: Marzo, Maggio, Luglio, Settembre, Dicembre
- Borsa: CBOT (Chicago Board of Trade).
- Orario di contrattazione:
  ✓ Elettronico - dalle 6.00 p.m. alle 6.00 a.m. ora Chicago dal e dalle 9.30 a.m. alle 1.15 p.m. ora Chicago da Domenica a Venerdì.
  ✓ Grida - dalle 9.30 a.m. alle 1.15 p.m. ora Chicago da Lunedì a Venerdì.

Olio di Soia - Soyben Oil

Dai semi di soia viene estratta mediante una lavorazione chiamata "crush" l'olio di soia e la farina. Un estratto dell'olio di soia, la lecitina, viene impiegata con scopi diversi, dai medicinali alle coperture protettive. è un emulsionante ed un lubrificante naturale. La lecitina viene ad esempio utilizzata per evitare la separazione tra il cioccolato e il burro di cacao all'interno di una caramella. L'olio di soia trova impiego in prodotti come la margarina, le salse per insalata e gli oli di cottura. La soia è la più importante fonte naturale di fibre dietetiche. La pula viene lavorata per la produzione di alimenti come pane integrale, cereali e snacks.

Sigla contratto: BO

- Dimensione del contratto - 60.000 libbre (1 libbra = 453 gr).
- Variazione minima di prezzo (tick) - 0,01
- Valore Tick - 6 $ (60.000/100 x 0,01)
- Quotazione contratto - centesimi di $ per libbra.
- Esempio - da 19 a 20 = 600 $ - (1/0,01 = 100 x 6 $ = 600 $).
- Mesi di scadenza: Gennaio, Marzo, Maggio, Luglio, Agosto, Settembre, Ottobre, Dicembre
- Borsa: CBOT (Chicago Board of Trade).
- Orario di contrattazione:
  - ✓ Elettronico - dalle 6.00 p.m. alle 6.00 a.m. e dalle 9.30 a.m. alle 1.15 p.m. ora Chicago da Domenica a Venerdì.
  - ✓ Grida - dalle 9.30 a.m. alle 1.15 p.m. ora Chicago da Lunedì a Venerdì.

Soia - Soybeans

La soia ha origine in Asia, e i suoi semi sono la base alimentare di queste popolazioni da circa 5.000 anni. Appartiene alla famiglia delle leguminose e può raggiungere un'altezza variabile tra gli 80 e i 100 cm.

I fiori possono essere rossi, bianchi e anche viola. Il legume cresce in baccelli che si sviluppano a grappoli e misurano circa dai 3 ai 5 cm. Ogni baccello normalmente contiene 2 o 3 legumi.

Questi legumi possono essere grandi o piccoli, lunghi, rotondi o ovali. La soia venne coltivata per la prima volta in Cina 5.000 anni fa. A quel tempo, l'imperatore chiamò questo legume "Ta Teou", che significa "grande fagiolo".

Egli classificò la soia tra le cinque piante sacre. Le altre quattro erano il riso, il frumento, l'orzo e il miglio.

Il primo spostamento della soia al di fuori della Cina avvenne nel 1804, quando un veliero americano, che tornava negli Stati Uniti, trasportò un carico di soia come zavorra.

- La prima piantagione commerciale di soia fu allestita nel 1929 per la produzione della salsa di soia. Da quei primi e insignificanti inizi, la soia ha acquisito una grande importanza.

- La soia è attualmente una fonte principale ed essenziale di proteine e di olio da utilizzare sia per l'alimentazione umana sia per quella animale.

Esistono anche numerose applicazioni industriali per le varie componenti di questo legume importante e versatile.

I maggiori produttori di soia sono gli Stati Uniti, il Brasile, l'Argentina, la Cina, e l'India.

Negli Stati Uniti vi sono molte varietà di soia che permettono la produzione in diverse aree di maturazione che si estendono dal North Dakota (latitudine 49°N) alla Louisiana (latitudine 30°N).

- Sigla contratto: S
- Dimensione del contratto - 5.000 bushel (1 bushel = 27,216 Kg).
- Variazione minima di prezzo (tick) - 0,25 124
- Valore Tick - 12,50 $ (5000/100 x 0,25)
- Quotazione contratto - centesimi di $ e ¼ di cent per bushel.
- Esempio - da 1.000 a 1.001 = 50 $ - (1/0,25 = 4 x 12,50$ = 50$).
- Mesi di scadenza: Gennaio, Marzo, Maggio, Luglio, Agosto, Settembre, Novembre.
- Borsa: CBOT (Chicago Board of Trade).
- Orario di contrattazione:
  - ✓ Elettronico - dalle 6.00 p.m. alle 6.00 a.m. e dalle 9.30 a.m. alle 1.15 p.m. ora Chicago da Domenica a Venerdì.
  - ✓ Grida - dalle 9.30 a.m. alle 1.15 p.m. ora Chicago da Lunedì a Venerdì.

Cacao - Cocoa

Il Cacao è un frutto di origine tropicale scoperto dai Maya e che una volta era chiamato "cibo degli dei".

L'albero del cacao produce dei baccelli (cabosside) a forma di cedro allungato di colore giallastro che diventa rossastro a maturazione. Una buona pianta di cacao può produrre in un anno fino a 2.000 baccelli che vengono prodotti e raccolti durante tutto l'anno. Una volta che i frutti sono maturi, vengono raccolti, aperti e i semi di cacao vengono messi ad essiccare al sole. Ogni pianta fornisce 1-2 chilogrammi di semi secchi.

Il maggiore produttore di cacao è la Costa d'Avorio con una quota di circa il 43% della produzione mondiale, seguito da Brasile, Ghana e Nigeria.

- Sigla contratto: CC
- Dimensione del contratto - 10 tonnellate.
- Variazione minima di prezzo (tick) - 1
- Valore Tick - 10.000 $ (10.000 Kg x 1)
- Quotazione contratto - dollari per tonnellata.
- Esempio - da 2.200 a 2.201 = 10 $ - (10 x 1 $ = 10 $)
- Mesi di scadenza: Marzo, Maggio, Luglio, Settembre, Dicembre.
- Borsa: CSCE (Coffe, Sugar & Cocoa Exchange).
- Orario di contrattazione:
  ✓ Elettronico - dalle 1.30 a.m. alle 3.15 p.m. ora New York da Domenica a Venerdì.
  ✓ Grida - dalle 8.00 a.m. alle 11.50 a.m. ora New York da Lunedì a Venerdì.

Caffè - Coffee

La pianta del caffè è una pianta orientale, sempre verde, il cui fusto ha una altezza di 4-5 metri e con un diametro di 5-10 centimetri. L'origine del caffè non è certa in quanto vi è chi ritiene sia originaria della Persia chi dell'Etiopia. Fu poi importata in Arabia e successivamente in Europa.

La pianta può crescere in qualunque regione della fascia tropicale ed equatoriale, purché l'acqua sia sufficiente e la temperatura non scenda sottozero.

I frutti sono delle bacche che dopo nove mesi di coltivazione sono pronte per essere raccolte. Quando giungono a maturazione il loro colore è un rosso intenso e all'interno contengono due semi ciascuna. Questi semi vengono essiccati e tostati e, dopo essere stati macinati, sono utilizzati per preparare il caffè.

* Esistono due tipi di piante della stessa famiglia botanica, ma di natura differente note con il nome di **Arabica** e di **Robusta.** L'Arabica è più diffusa del Robusta e rappresenta circa tre quarti della produzione mondiale.

Anche se i chicchi tostati delle due specie sono molto simili, vi sono differenze marcate tra le due piante, i loro semi e la bevanda finale.

Il caffè arabica contiene meno caffeina rispetto ad altri tipi di caffè. I più grandi produttori di caffè arabica sono quelli del centro America e della parte nord del sud America, nonché alcuni paesi dell'Africa orientale.

I futures sul caffè arabica vengono scambiati al BM&F (Bolsa de Mercadorias e Futuros) di San Paolo (Brasile).

Le gelate sono gli eventi climatici più pericolosi per le piantagioni di caffè. Nonostante siano rare (alle latitudini comprese fra i 20° nord e sud si verificano in media una volta ogni vent'anni), una notte fredda con temperatura sotto lo zero è sufficiente a causare un'estesa defogliazione dalla quale le piante si riprendono molto difficilmente.

I maggiori produttori di caffè sono il Brasile, la Colombia, il Messico, il Guatemala, il Costa Rica e l'Honduras.

- Sigla contratto: KC
- Dimensione del contratto - 37.500 libbre (1 libbra = 453 gr).
- Variazione minima di prezzo (tick) - 0,05
- Valore Tick - 18,75 $ (37.500/100 x 0,05)
- Quotazione contratto - centesimi di $ per libbra.
- Esempio - da 130 a 131 = 375 $ - (1/0,05=20 x 18,75 $ = 375 $).
- Mesi di scadenza: Marzo, Maggio, Luglio, Settembre, Dicembre.
- Borsa: CSCE (Coffe, Sugar & Cocoa Exchange).
- Orario di contrattazione:
  - ✓ Elettronico - dalle 1.30 a.m. alle 3.15 p.m. ora New York da Domenica a Venerdì.
  - ✓ Grida - dalle 8.30 a.m. alle 12.30 p.m. ora New York da Lunedì a Venerdì.

Cotone - Cotton

Il cotone è una pianta arbustiva la cui coltivazione inizio in Asia nell'VIII secolo. Gli Egizi conoscevano la pianta del cotone, ma la utilizzavano solo a scopo ornamentale. Il primo paese che lo sfruttò come fibra fu l'India poi l'uso si diffuse in Malesia e in Persia. Il fiore del cotone ha colore bianco o giallo e diventa rosa o violaceo dopo la fecondazione. Il frutto è composta da una capsula ovoidale che si apre in 3-5 valve; contiene numerosi semi ricoperti di peli unicellulari formati da cellulosa, più o meno lunghi di colore bianco (in certe varietà anche giallo), che costituisce la lanugine da cui si ricava la fibra vegetale che viene utilizzata, senza alcun tipo di preparazione, per la tessitura. I maggiori produttori di cotone sono: USA, Cina, India, Pakistan, Uzbekistan, Brasile, Messico.

- Sigla contratto: CT
- Dimensione del contratto - 50.000 libbre (1 libbra = 453 gr).
- Variazione minima di prezzo (tick) - 0,01
- Valore Tick - 5 $ (50.000/100 x 0,01)
- Quotazione contratto - centesimi e centesimi di cent per libbra.
- Esempio - da 70 a 71 = 500 $ - (1/0,01 = 100 x 5 $ = 500 $).
- Mesi di scadenza: Marzo, Maggio, Luglio, Ottobre, Dicembre.
- Borsa: NYCE (New York Cotton Exchange).
- Orario di contrattazione:
  - ✓ Elettronico - dalle 1.30 a.m. alle 3.15 p.m. ora New York da Domenica a Venerdì.
  - ✓ Grida - dalle 10.30 a.m. alle 2.15 p.m. ora New York da Lunedì a Venerdì.

Legname - Lumber

Il legname si riferisce al contratto del legname da costruzione sotto forma di laminati.
Più precisamente si tratta di tavole di legno dolce, facili da tagliare e che devono avere una lunghezza e uno spessore ben definiti e stabiliti dalla borsa.
Le specie di alberi da cui sono ricavati sono soprattutto l'abete canadese, il pino e l'abete, mentre la lavorazione avviene principalmente negli stati dell'Oregon, Washington, Idaho, Wyoming, Montana, Nevada e California e in Canada.

- Sigla contratto: LB
- Dimensione del contratto - 110.000 board feet (1 board foot = 0,00236 metri cubi - NOTA: feet è il plurale di foot).
- Variazione minima di prezzo (tick) - 10
- Valore Tick - 11 $
- Quotazione contratto - dollari per migliaia di board feet.
- Esempio - da 350 a 351 = 110 $ (10 x 11 $ = 110 $).
- Mesi di scadenza: Gennaio, Marzo, Maggio, Luglio, Settembre, Novembre.
- Borsa: CME (Chicago Mercantile Exchange).
- Orario di contrattazione:
- Grida - dalle 9.00 a.m. alle 1.05 p.m. ora Chicago da Lunedì a Venerdì.

146

Succo d'Arancia - Orange Juice

Il succo d'arancia congelato è il contratto a cui ci si riferisce quando si parla di Orange juice.

Occorrono dai 3 ai 5 anni prima che un albero di arance appena piantato dia i primi frutti in quantità commerciabile e dai 15 ai 20 anni prima che raggiunga il suo picco produttivo.
La produzione di arance, come del cacao e del caffè richiede un grande impegno sia in termini di tempo che di lavoro.

Il periodo principale del raccolto comincia ad aprile e il momento più critico con possibilità di gelate che possono compromettere il raccolto è l'inverno. Sono però necessarie diverse ore con temperature sotto lo zero per riuscire a danneggiare i frutti in modo significativo.
I maggiori produttori di arance sono la Florida e il Brasile.

- Sigla contratto: OJ
- Dimensione del contratto - 15.000 libbre (1 libbra = 453 gr).
- Variazione minima di prezzo (tick) - 0,05
- Valore Tick - 7,50 $ (15.000/100 x 0,05)
- Quotazione contratto - centesimi e centesimi di cent per pound.
- Esempio - da 90 a 91 = 150 $ - (1/0,05 = 20 x 7,50 $ = 150 $).
- Mesi di scadenza: Gennaio, Marzo, Maggio, Luglio, Settembre, Novembre.
- Borsa: CSCE (Coffe, Sugar & Cocoa Exchange).
- Orario di contrattazione:
  - ✓ Elettronico - dalle 7.00 a.m. alle 3.15 p.m. ora New York da Domenica a Venerdì.
  - ✓ Grida - dalle 10.00 a.m. alle 1.30 p.m. ora New York da Lunedì a Venerdì.

Zucchero - Sugar

Le prime coltivazioni di canna da zucchero furono in Asia, nella Nuova Guinea, alcuni millenni a.c. La sua zona di coltivazione si allargò poi a Filippine, India, Indonesia e Oceania e giunse in Europa nel 1100 seguendo l'espansione araba nell'Europa meridionale. La canna da zucchero ha un ciclo di coltivazione che richiede molta acqua, condizione che nel Mediterraneo non è pienamente soddisfatta, così la produzione si sposta in Portogallo e da qui, nel 1493, nelle Indie Occidentali, portata da Cristoforo Colombo. Al seguito della canna, arrivarono gli schiavi per coltivarla e per secoli lo zucchero sarà uno dei frutti più importanti del sistema schiavi-piantagione. Nel XVII secolo inglesi, olandesi e francesi creano piantagioni nei caraibi. Fino alla rivoluzione francese "zucchero" significava unicamente "zucchero di canna"; soltanto alla fine del settecento fu scoperto il procedimento di raffinazione che permetteva di ricavarlo anche dalla barbabietola. Questa scoperta resa lo zucchero più disponibile e meno costoso, diventando un bene di largo consumo; le piantagioni di canna da zucchero in America latina subirono un forte declino. Un altro motivo del declino fu sicuramente l'abolizione della schiavitù che rese la coltivazione meno redditizia. La coltivazione della canna da zucchero richiede molta manodopera: la canna viene raccolta tagliandola con il machete. Il tagliatore separa il gambo dalle foglie e dalle estremità. Alcuni gambi, ridotti in pezzi di 20-30 cm, vengono piantati direttamente in terra per farne nuove piante. Le piante di canna da zucchero vengono rinnovate ogni 3-6 anni ma possono durare fino a 20 anni. La prima raccolta avviene dopo 12-18 mesi dalla semina. Dalla concentrazione del succo ricavato dalla spremitura, si ricava lo zucchero. I maggiori produttori al mondo sono l'India, il Brasile, la Colombia, la Cina e Cuba.

Quanto all'Occidente la produzione riguarda quasi esclusivamente zucchero ricavato dalle barbabietole (Unione Europea, Russia, Stati Uniti, Australia).

- Sigla contratto: SB
- Dimensione del contratto - 112.000 libbre (1 libbra = 453 gr).
- Variazione minima di prezzo (tick) - 0,01
- Valore Tick - 11,20 $ (112.000/100 x 0,01)
- Quotazione contratto - centesimi per libbra.
- Esempio - da 14,50 a 15,50 = 1.120 $ - (1/0,01 = 100 x 11,20 $ = 1.120 $).
- Mesi di scadenza: Marzo, Maggio, Luglio, Ottobre.
- Borsa: CSCE (Coffe, Sugar & Cocoa Exchange).
- Orario di contrattazione:
  - ✓ Elettronico - dalle 1.30 a.m. alle 3.15 p.m. ora New York da Domenica a Venerdì.
  - ✓ Grida - dalle 8.10 a.m. alle 12.30 p.m. ora New York da Lunedì a Venerdì.

Bovini - Live Cattle

La produzione dei bovini comincia con quella che viene definita "cow/calf operation", cioè con la riproduzione di vitelli da parte della mucca con sistemi tradizionali o attraverso l'inseminazione artificiale. Se l'allevatore utilizza il sistema naturale, l'USDA (United States Department of Agriculture) consiglia di avere una mandria di 23 mucche per ogni toro.

Il periodo di gestazione è approssimativamente di nove mesi e ogni mucca genera un vitello alla volta, raramente dei gemelli. Dopo sei-otto mesi il vitello è svezzato.

I produttori vendono poi i loro vitelli svezzati agli "stocker operation i quali fanno pascolare gli animali fino a quando diventano "Feeder", cioè pesano fra i 600 e gli 800 pounds.

Questi capi sono chiamati Feeder Cattle in quanto il peso raggiunto li permette di essere pronti per essere messi nel feed lot, cioè all'ingrasso.

I proprietari di feed lot acquistano i bovini da far ingrassare e li portano a raggiungere il peso adatto alla macellazione, dai 900 ai 1400 pounds, generalmente nel giro di tre-sei mesi.

Alla fine di questo periodo i bovini diventano Live Cattle.

- Sigla contratto: LC
- Dimensione del contratto - 40.000 libbre (1 libbra = 453 gr).
- Variazione minima di prezzo (tick) - 0,025
- Valore Tick - 10 $ (40.000/100 x 0,025)
- Quotazione contratto - centesimi di $ per pound.
- Esempio - da 115 a 116 = 400 $ - (1/0,025 = 40 x 10 $ = 400 $).
- Mesi di scadenza: Febbraio, Aprile, Giugno, Agosto, Ottobre, Dicembre.
- Borsa: CME (Chicago Mercantile Exchange).
- Orario di contrattazione:

✓ Elettronico - dalle 5.00 p.m. alle 4.00 p.m. ora Chicago da Lunedì a Giovedì.

✓ Grida - dalle 9.05 a.m. alle 1.00 p.m. ora Chicago da Lunedì a Venerdì.

Maiale – Lean Hogs

La produzione è un processo che richiede all'incirca dieci mesi. Il periodo di gestazione per una femmina allevata è di circa 110 giorni e in media partorisce nove-dieci maialini. Dopo tre-quattro settimane lo svezzamento termina e le scrofe vengono riportate nell'allevamento o inviate al mercato.

Le femmine sono mantenute generalmente nell'allevamento per due-tre anni fino a venderle per il macello, ma secondo la loro genetica, salute e peso, possono essere vendute anche prima. Generalmente occorrono sei mesi per portare un maiale dalla nascita al macello. I maiali sono pronti per il mercato quando raggiungono un peso di circa 250 libbre.

La maggioranza della produzione dei suini negli Stati Uniti si trova negli Stati che vengono chiamati "Corn Belt".

- Sigla contratto: LH
- Dimensione del contratto - 40.000 libbre (1 libbra = 453 gr).
- Variazione minima di prezzo (tick) - 0,025
- Valore Tick - 10 $ (40.000/100 x 0,025)
- Quotazione contratto - centesimi di $ per pound.
- Esempio - da 71 a 72 = 400 $ - (1/0,025 = 40 x 10 $ = 400 $)
- Mesi di scadenza: Febbraio, Aprile, Giugno, Luglio, Agosto, Ottobre, Dicembre.
- Borsa: CME (Chicago Mercantile Exchange).
- Orario di contrattazione:
  - ✓ Elettronico - dalle 5.00 p.m. alle 4.00 p.m. ora Chicago da Lunedì a Giovedì.
  - ✓ Grida - dalle 9.10 a.m. alle 1.00 p.m. ora Chicago da Lunedì a Venerdì.

Pancetta di Maiale - Frozen Pork Bellies

Il termine pancetta di maiale si riferisce al bacon grezzo che si ottiene dalla parte inferiore del maiale. Dato che questa è un prodotto della macellazione del maiale, tanto l'andamento della produzione di suini quanto le dimensioni della macellazione di suini ne influenzano il prezzo, anche perché la domanda è relativamente poco influenzata dalle variazioni di prezzo. Il principale uso che si fa della pancetta di maiale è nella produzione di bacon.

- Sigla contratto: PB
- Dimensione del contratto - 40.000 libbre (1 libbra = 453 gr).
- Variazione minima di prezzo (tick) - 0,025
- Valore Tick - 10 $ (40.000/100 x 0,025)
- Quotazione contratto - centesimi di $ per pound.
- Esempio - da 97 a 98 = 400 $ - (1/0,025 = 40 x 10 $ = 400 $).
- Mesi di scadenza: Febbraio, Marzo, Maggio, Luglio, Agosto.
- Borsa: CME (Chicago Mercantile Exchange).
- Orario di contrattazione:
  - ✓ Elettronico - dalle 5.00 p.m. alle 4.00 p.m. ora Chicago da Lunedì a Giovedì.
  - ✓ Grida - dalle 9.10 a.m. alle 1.00 p.m. ora Chicago da Lunedì a Venerdì.